障害のある子が生まれても。

さくら（社会調律家）
written by Sakura

CONTENTS

目次

Dear 2010年9月27日のわたしへ

生後6カ月、まだ生まれたばかりの真心（マコ）が『筋ジストロフィーの疑い』と診断されてビックリだよね。出産前後の健診では異常はないって言われていたし、実際、本当によく笑うただただかわいい元気な子どもなのに。

でも、生後6カ月になっても首がすわらなくて全身ふにゃふにゃ、寝返りをする気配もない。長女と比べてあまりにも遅い成長なんだもの、心配するのも無理ないよね。


保健師さんや健診でマコを診たお医者さんから「異常なし」って言われ続けても、内心モヤモヤしていて、「何かあるんじゃないか……」と思って受診した6カ月健診。診察早々お医者さんの表情は変わり、「すぐに大きな病院で精密検査を受けましょう」と言われる急展開。

その結果、重度の障害があって、しかも治療法がない進行性の難病だって発覚するなんて。全然ピンとこないと思うし、嘘だと思いたいよね。

まさか、自分が重度の障害がある子どもの親になるなんて。

残念だけど、事実なの。

9月27日の時点では『筋ジストロフィーの疑い』って聞いていたと思うけれど、近々、新たな遺伝子検査の結果ではっきりと告げられるはず。

あなたの子どもは『福山型先天性筋ジストロフィー』と言って、脳と筋肉に病気があるの。

変異した遺伝子によって筋肉がうまく形成されないから、マコが生まれ持った筋肉量だと、一生立ったり歩いたりできない。自分で起き上がることもできない。

現状はまだ治療薬が確立されていないので、筋力は落ちる一方で、近い将来寝たきりになるらしい。

知的にも障害があって、あなたが想定しているコミュニケーション方法とは違う感じになる。


でもね、マコはマコなりに成長はするんだよ。

あ、母子手帳に書いてある一般的な成長曲線は無視してね。

よそはよそ、うちはうち！（笑）

なんだかできないことばかり並べちゃったけど、マコの場合は、1歳で首がすわって、2歳半でお座り、3歳にはお座りしたままその場でくるくる回るって感じで、彼女のペースでゆっくり成長していく。

成長がゆっくりな分、じっくりと変化を味わえるし、感動も大きいよ。

ただ、進行性の疾患だから、身体の成長に関して言うと、せっかくできるようになったことが、筋力低下と共にできなくなるステージがやってくる。

それは、切ないけれど事実。

でもね、主治医の先生に「心はずっと成長し続けます」と言われて、なんだかホッとしたな。

マコの『心の成長』を大事にしたいと思ったよ。


言葉を話せるようになるのは、だいぶ辛抱強く待ってあげてほしい。

小学生になるまで、言葉でのコミュニケーションはほぼないけれど、イエス・ノーは首を縦横にふって意思表示するし、生きていく上で必要な動作「飲む」「食べる」に関しては、手指で表現するベビーサインをソッコー自分のものにして、ガンガン伝えてくれる。

食いしん坊なのよ。

あとは表情をうまく駆使した非言語コミュニケーションでアレコレ伝えてくれるから、毎回『マコは何を伝えようとしているでしょうかクイズ』を出されているみたいで、それはそれでコミュニケーションを取るのが楽しいよ。


それにしてもあまりにも言葉が出てこないから、「この子は一生お話をしないのでは……」と思っていたけれど、小学校に通い出した途端、急に発語が増えて、今では3語文を話すようになったの。

「おかーしゃん　だいすき　だっこ」みたいに、自分の欲求を伝えるために言語を習得したのではないかって思うくらいアピールが上手。

動けない分、周りの人を動かすための術をどんどん身に付けている。賢いわ。


マコはね、身体は不自由だけれど、心と発想は誰よりも自由な子だよ。

私の周りにいる誰よりも自由人。

車椅子があればあちこち動き回るし、本当に上手に周りの人をこき使ってる（笑）。

「おそといこ！　いく！」って突然夜の土砂降りの雨の中お外へ行くことをねだったり（さすがに連れて行かないけど）、自分のやりたいことにはいつも直球で、時間軸や物理的な問題なんぞおかまいなしに主張するくらいぶっ飛んでる。

とても社交的な性格で、非言語的コミュニケーションを最大限活用しながら、周りとのコミュニケーションをすごく楽しんでいる。

最近は「たのしかった～」と呟きながら寝付くこともあるくらい、毎日が楽しそうで何よりだよ。

2022年の時点で、治療薬の開発はだいぶ進んでいる。

ただ、マコの筋力は落ちる一方で、予想通り、できていたことがどんどんできなくなっている。せめて、できるようになったことが維持できるように、と治療薬は希望だったけど、彼女には間に合わないかな。

でもね、私が落ち込んでもしょうがないって思えるのは、毎日マコが楽しく生きている現実を目の当たりにしているから。

なんてったって、本人の気持ちが元気なんだもの。

そりゃ、うまく身体が動かなくてイライラすることや、自分のやりたいことが伝わらなくて騒ぐことは日常茶飯事。

でも、そんなときはサポートしたり、環境改善をするなりして、ひとつひとつ問題をクリアしていくのみ！

マコは家族が大好きで、学校の先生やお友達が大好きで、デイサービスのスタッフさん、病院の先生・看護師さんたちが大好きで、出逢う人々に秒で懐いて、人生において宝になる『人とのご縁』をしっかり構築していて、本当に豊かに生きている。

とても素敵な人間に成長している。

だから、大丈夫。マコのことは心配しないで！

ここまで読んで、マコの将来が見えなくて不安だった気持ちは、少しは落ち着いたかな？

さて、ここからは『わたしの人生』について。

正直、「人生終わった」と思ってるでしょ⁉

子育てって、いつか親の手を離れるものだと想定して子どもを産んでるものね。

その想定が大幅に外れて、ただでさえ大変な子育てに障害・進行性の難病が加わって、手を離れるどころか、ずっとお世話をしなきゃいけないんじゃないか……って、もう大変そうなイメージしか浮かばないよね。


「わたしはこれまでいろんな経験をして楽しく生きてきた。だからもう十分。残りの人生の時間はマコのケアのために捧げよう」

なーんて勝手に『障害児の親という名の十字架』を背負ってない？

モヤモヤする気持ちはありつつも、そう考えないとやっていけないんじゃないかなんて思い込んでいない？

そして自分のことを責めてない？


「何かのバチがあたったのかな……」

「妊娠中に働きすぎたのかな……」

「なんでマコなの？　なんでわたしがこんなことに……」

ぐるぐる考えれば考えるほど胸が苦しくて、発狂しそうで、この先、生きることへの希望が見えなくなっていると思う。

子育てが落ち着いたらやろうとしていたこと、人生でいつかやろうと思っていたこと、思い描いていたことが一瞬で崩れ去って、絶望を感じているんじゃないかな。

2022年11月のわたしが、2010年の絶望の底にいるわたしに手紙を書こうと思ったのは、「人生終わった」なんて、全然あきらめなくて大丈夫と伝えたかったから。

今はちっとも想像できないだろうけれど、12年後のあなたは心の底から人生を楽しんでいるよ、と伝えたかったの。

実はね、この手紙を書いているのは飛行機の中。

なんと、「死ぬまでに一度はオーロラを見たい！」という夢を叶えるために、単身でノルウェーに行ってきた帰りの飛行機の中なの。

ということで、夢がひとつ叶ったところ！

ちなみに、マコが4歳のときにも、死ぬまでに一度は行きたいと憧れていたフランスに単身で行ったよ。

死ぬまでにやりたいことはまだまだたくさんある！

人生を最高なものにするために、自分の心に真っすぐ生きていこうと決めて、誰にも遠慮しないで家族や周りの人たちの協力と愛を存分に受け止めながら、ひとつずつ実現しているところ。本当に感謝しかない。


『真心』と名付けたのは、心に真っすぐに生きてほしいと願ったからだよね。

だったら、私自身が真心の名前に恥じないように生きなきゃ！


あなたはいつだってひとりじゃない。

この先の人生、とんでもなく素晴らしいご縁に出逢って、本当に人生の宝になる経験をたっくさんすることになるの。

だから、どうか「わたしの人生終わった」なんて思わないで。

未来の自分の笑顔を信じて、今のあなたの生きる力を信じて、進んでいってほしい。

不安や孤独で押しつぶされそうになったら、マコの顔を見てごらん。

きっと生まれたときから変わらず、かわいい笑顔いっぱいで、幸せそうな表情をしているはず。

私がマコの病気・障害で落ち込むときは、いつもマコの純度100パーセントの生命力に救われているんだ。

一点の曇りもない瞳で見つめられていると、私の心の軸がニュートラルに戻るの。


私が今、生きる希望に満ちているのは、マコの生命力が高いのはもちろんのこと、この12年間でいろんなヒト・モノ・コトに出逢えたおかげ。

この素晴らしい出逢いの数々をあなたと共有することで、少しでも未来に希望を感じてもらえたらうれしいな。


これからあなたは幸せな人生を歩むから。

絶対に大丈夫。

Love.
2022年11月17日のわたし@上空より

はじめに

はじめまして、さくらです。

現在、ふたりの子どもの子育て中で、あと数年で子育て卒業を目指しています。


私は子育てをする中で、人生最大の絶望を経験しました。

それは、2010年9月、当時生後6カ月だった次女に、治療法のない進行性の病気・重度の障害があることがわかったのです。

次女の将来を悲観するだけでなく、

「私の人生、終わった……」

私の将来は閉ざされて、目の前が真っ暗になりました。


この本は、人生で一番の絶望を経験した過去の私に向けて、今の私が伝えたい、届けたい内容を綴りました。

現在、私も次女も希望に満ちた人生を送っていて、重度の障害があっても子離れを目標にできるくらい元気です。

これまでを振り返ると、人生の宝と呼ぶにふさわしい出逢いがたくさんありました。苦悩や障壁にぶつかる度にSOSを出すと、いつも救世主や希望になる情報がやってきて「世の中捨てたもんじゃないな。むしろ、人生って素晴らしい！」と思えるくらいになりました。

もしも、過去の私にこの本を手渡すことができるのなら、こんな言葉を添えて渡したいと思います。

「これは、あなたのノンフィクションストーリーなの。読んでみてほしい。明るい未来は自分で創れる。人生に困難が訪れても、大丈夫。いつだってひとりじゃない。救いの手は必ずあるんだって安心するはず」

ちょっとだけ人生の先輩になった今の私があなたに一番伝えたいことは、「早い段階で絶望から抜け出して、なんの心配もせずに、安心して目の前の子どもたちの成長を楽しんでほしい」ということ。

タイムマシーンで過去の自分に逢うことができたなら、声を大にして伝えたい。

「絶望する経験も大切だけれど、不安は解消できるし絶望からも脱却できるから怯えないで大丈夫！」と。

なぜ過去には戻れないのに本にしたいと思ったのか。

それは、私と同じような経験をして絶望を感じている方々に、少しでも希望を感じてほしいから。

希望を感じて、今この瞬間を親子ともども一緒に幸せに生きてほしいから。

明るい未来は、あなた自身で創造できます。

この本が少しでもあなたの役に立つとうれしいです。

※この本は、一気に読む方と、少しずつ読み進める方がいらっしゃることを想定して構成しました。

一章は、お子さんの病気や障害を理由に、今絶望の淵にいる方や絶望を感じて生きている方の心が少しでも軽くなることを願って書きました。

二章は、生きていく上で知っているとプラスになるヒト・モノ・コトを紹介することで、読んでいる方の希望のエネルギーが倍増するといいなと願って書きました。

三章は、目の前のモヤっとすることや困りごとを解決したいと思ったとき、実際にアクションを起こす際の参考になればいいなと願って書きました。

一章だけで十分な方は、今すぐに全部読まなくてもOK。
全部読み終わるのに10年かかってもOKです。
心のゆとりや気分に合わせて、ご自身のペースで読み進めてくださいね。

第一章『絶望からの脱却』

この章では、私が娘の真心（以下、マコ）の病気や障害を知って感じた絶望に、どう向き合ってきたかをお伝えします。
私自身が、絶望の底にいたところから前を向いて一歩踏み出すまで、どんな経過をたどってきたのかを赤裸々にお伝えすることが、同じような境遇にいる方にとっての「一歩を踏み出すヒント」になったらうれしいです。

LIVE MY LIFE, PLAY MY LIFE, LOVE MY LIFE!

【心にゆとりを生むために】

●ネガティブだと感じることを全て認めて手放す

「絶望の底にいるときって、周りに何を言われても全く響かなかったな〜」

2010年当時、絶望の淵にいた頃の私の心情を振り返ったとき、相当落ち込んでとてつもなく孤独を感じていたことを思い出しました。一体、何に絶望して、なぜ孤独を感じたのか。

絶望の最中はそんな分析をするゆとりなんて、全くありませんでした。

絶望の真っただ中にあった心の状態を例えるなら、一滴でも加わると溢れてしまうくらい水が満タンに入ったコップのよう。

感情や思考、情報で頭の中がいっぱいいっぱいで、いつもなら有難く受け取れたであろう周囲の言葉にも、一切耳を傾けられなくなりました。

それどころか、嫌悪感を抱くようになってしまった。

私の場合、周囲とのコミュニケーションを極力シャットアウトしてしまいました。ネットから拾った情報をたくさん印刷して渡してくれた親切な保健師さんにも嫌気が差して、何度も訪問してくれたのに居留守を使うようになってしまったくらい、心にゆとりが全くありませんでした。

そのような経験から、まず心にゆとりを生むためには、何かを加えるのではなくて、手放すことが必要だと痛感しました。

当時、私がやった手放す作業とは次の3つでした。

①ノートに感情や思考を書き出す
②人に話を聞いてもらう
③いつもと違う自分を認める

①ノートに感情や思考を書き出す

うまく言語化できないことでも、ポンと浮かんだ感情や思考をつらつらと書いたり、携帯のメモに残したりしていました。誰に見せる訳でもないので、支離滅裂でも表現がおかしくても構わず、湧いてくる感情や思考をただ書き出すのです。

まずはあなたが今、感じている絶望やネガティブな感情をしっかり吐き出してみませんか？

マコの障害がわかって12年も経っている今の私にも、改めて過去の絶望に向き合うことは必要なプロセスだと感じます。ふとした瞬間にまだまだ心の奥底で癒えていない感情があることに気が付くことがあるのです。

当時はショックが大きすぎて、向き合う気力も体力も時間もなくて無意識にパンドラの箱に閉じ込めた感情があったようで、いまだにふと当時感じた恐怖が蘇ることがあります。

あなたが感じる絶望、ネガティブだと思う感情、思い浮かぶことを書き出してみてください。

・子どもの病気・障害がわかる前はどんな気持ちで過ごしていましたか？
・わかったあと、どんな想い、感情を抱きましたか？
・誰にも話さなかった、話せなかった感情や考えはなんでしたか？
・周りにこうしてほしかった、もしくは、されて嫌な思いをしたことはなんでしたか？

遠慮や感情のブレーキを外すために、誰にも見られない、見せない前提で書いてくださいね。

参考までに、当時私が書いた文章を赤裸々に公開します。

なんでマコなの？　私、罰当たりなことしたかな？

だとしたらなんで私が病気になるんじゃなくて、何の罪もないマコが難病＆障害を持って生まれてこなきゃいけないの？　納得いかない。わからない。マコはなんにも悪くないのに。世の中の健康に生まれてきた子たちが山ほどいる中で、なんでマコなの？

街中で手を繋いで歩いてる親子を見るのもツライ。子どものこと叱ってる親を見てるとツライ。歩けてるだけいいじゃん。元気なんだから、それだけでいいじゃん。

私が食べてきたものが原因だとしたら、添加物だらけのものばかり食べてる人の子どもが健康優良児なのはなんで？　そんな人たちより私の方がよほど食生活に気を付けてきたはず！　妊娠中キムチをたくさん食べたり、体調悪いのに無理して仕事したのが原因なのかな……

子どもは親を選んで生まれてくるとか美談を言われるけど、私なんか重度の障害がある子どもを育てられるほど器は大きくない。ふたりの育児なんて無理。どうしたらいいかわからないよ。全然自信ない。

進行性の難病ってどうなっちゃうの？　寝たきりになるってどういうこと？　何もできなくなっちゃうの？　そんなの残酷すぎる。堪えられない……　そんなの生まれてきた意味あるのかな。わざわざつらい人生を歩むために生まれてくるだなんて、全然理解できない。

やっぱり私のせいなのかな。マコ、ごめんね。ママじゃない人から生まれてきたら、病気も障害もなく健康に生まれたのかもしれないのに……

当時の感情を思い出すと今でも辛いです。

どこにぶつけたらいいかわからない憤りを、こうして書き出すことで、あなたの中で悶々としていた霧が少しでも晴れてくれたらいいな、と思います。

私は今でもネガティブな渦に飲み込まれそうになるとき、ニュートラルな自分に戻るために「書き出す」(殴り書きのときもある)という作業をしています。

「エクスプレッシブ・ライティング(Expressive writing)」と言って、ネガティブな感情を書き出し、思考を言語化して整理することで、不安を解消する方法です。アメリカ合衆国の社会心理学者であるジェームズ・ペネベーガー氏が1980年代に生み出した思考整理方法で、「ジャーナリング」や「筆記開示法」と呼ばれることもあるそうです。

書く作業をすることで自分が何にとらわれているか、どんな問題を抱えているのかを可視化することができて、客観的に自分を見つめることができます。

また、目の前に書かれた内容を見ることで、「これは過去のもの」と脳内で処理をすることができます。

書いた紙は、この世に残しておきたくない内容のものは破いて捨てます。ノートに書いたままにすることもありますが、見返すことはほとんどありません。

ただ、しばらくしてから気が向いたときに見返すと、「こんなことで悩んでいたのか〜！」と過去の自分の悩みを小さく感じることができます。また、いまだに同じ悩みがある場合は自分の思考の癖に気が付くことができて、おもしろい発見があります。

現に、先ほど書いた内容のほとんどは、「今の私はなんとも思っていないな〜」と思うものばかりでした。

キムチの食べすぎで遺伝子に変異が起きるだなんて、科学的にもあり得ないことなのに（笑）。

当時の私は真剣に悩んでいたけれど、今では立派な笑い話になっています。

②人に話を聞いてもらう

私の場合、絶望の底にいた頃、ひとりだけ逢って話を聞いてほしいと思った人がいました。

当時の職場の先輩で心から信頼していた佳子さんです。

彼女なら「こんなことを言ったら母親失格だって思われる」と思うようなことでも、否定せずただただ聞いて受け止めてくれるとわかっていたので、病気がわかって絶望感にとらわれていたときに、すぐに逢いたいと約束をしました。

誰にも遠慮することなく吐き出したかったので、マコを家族に預けてひとりで外出。遠慮なく泣きたいと思っていたのでレストランの個室を予約。万全な状態で臨みました。

結果、ネガティブな感情を思いっきり吐き出せました。

佳子さんにも言えない、家族にも言えないようなことがあって、一度だけ見ず知らずの心理カウンセラーさんのカウンセリングを予約しました。

過去の私を知らない、そして今後も二度と会うことがないと思うと、躊躇なくなんでも吐き出せたのを覚えています。近しい人ほど出せない一面ってありますよね。

苦しいときは、「どんなにネガティブな感情を吐いても、この人ならただただ話を聞いてくれる」と思える人を頼るか、思い当たらない場合は、カウンセラーなどの話を聞くことを仕事にしている人を頼ることもぜひ選択肢に入れてみてください。

私の場合、たまたま24歳のときに日本メンタルヘルス協会を知り、心理学を学び、その延長線上で認定心理カウンセラーの資格を取っていたので、カウンセリングを受けること自体にあまりハードルを感じていませんでした。むしろ「やっと自分がカウンセリングをしてもらえるチャンスだ!」と思っていたので躊躇なく予約を入れることができました。

ただ、「今までカウンセリングなんて受けたことないから、どうやってカウンセラーを探せばいいかわからない」という方がほとんどだと思います。

「話を聞いてほしい」といった心の悩みの場合は、ネット上で「メンタルヘルス カウンセリング」など検索ワードを入力することでカウンセリングの提供先が探せます。

私も認定心理カウンセラーの資格を持っており、お話を伺うことはできますので、カウンセリングを希望される方はお気軽にお問い合わせください。

心の病気の場合は、精神科医などの専門家がいる病院で受診することをお勧めします。

私は、自身の経験から、周りに悲しんでいたり苦しい思いをしている友達がいたら、「ただただ話を聞く」、「そばにいる」ということをするようにしています。

アドバイスしようとか考えず、その人が吐き出す表現を全て受け止めることに徹するのです。私が絶望を経験していなかったら、他の人のネガティブな感情を受け止める器は私の中にはできなかったと思います。私が実際にしてもらって助かった経験があったからできることです。

▼日本メンタルヘルス協会

https://www.mental.co.jp/web/counseling.html

③いつもと違う自分を認める

私は周りから「ポジティブだ」とよく言われていたし、自分でもそこそこ楽天的な方だと思っていました。しかし、マコの難病・障害がわかったときは、あまりのショックに「いつもと違う私の一面」がひょっこり出てきたのです。

その①

街中で、小さな子どもと手を繋いで歩く母親が視野に入る度に、悲観して涙が出る。

テレビのオムツのCMでハイハイする赤ちゃんを見ると、「娘はハイハイすらできないのか」と切なくなり号泣する。とにかく涙が出るようになった。

その②

人に逢いたくなくて、家にひきこもる。保健師さんが心配して訪問してきてくれても居留守を使う。

とにかく誰とも話したくなかった。

その③

本屋で医学書コーナーに行き治療法を探していたら、「平均寿命10代」「主な死因」など救いにならない情報ばかりが目に飛び込んできて、娘が苦しんで死ぬことを想像してしまい涙が溢れてきた。息苦しくなり、全身が硬直して動けなくなったので、実家の母に本屋まで迎えにきてもらった。

その④

母子手帳の記録が「歩けますか？」「話しますか？」など定型発達の成長と比較する質問ばかりでイライラ。マコが何もできない子と言われているような気持ちになり、悔しくて母子手帳を壁に投げつけてしまった。本当は燃やしてしまいたかったけれど、生まれたときの貴重な記録があったので、さすがにできなかった。

その⑤

「治療法がない」という事実に対して何もできない無力な自分が悔しくて、民間療法や「これで治った！」というあらゆるネタを聞いては調べ、科学的根拠がないものまで時間とお金が許す限り片っ端から試した。今思えば怪しいものがほとんど（笑）。ただ、当時は怪しさを疑うよりも、治療法がないという事実に対する反骨精神と、何かしら行動していないと落ち着かないというメンタルが勝っていたのかもしれない。

こんな感じで、メンタルがジェットコースターのように激しくアップダウンしていて、「私おかしくなっちゃったのかな……」と心配になることが多々ありました。

でも、大丈夫！　ショックな出来事が人生に起きたとき、いつもと違う自分がひょっこり出てくることは誰にでもあることです。これは、今の私なら胸を張って言えます。

その証拠に、「子どもに障害があるとわかって絶望を感じたのは私たち夫婦だけじゃないはず！」と思い、同じく障害がある子どもの親御さん約１３０名に「子どもの病気障害がわかり最初に感じた絶望」についてアンケートを取った結果をご覧ください。

〈アンケートに答えてくださった方々の〝絶望期にいたときのいつもと違う一面〟〉

●頭が真っ白になって記憶にない。

●妊娠中に発覚したので、毎日「生まれてくる子に障害がありませんように」と祈り、毎日神社に行き、パパは仕事を抜け出して神社優先。病気に効くという神社でお祓いをしてもらい、いろんなお守りをタンスに飾って祈ったり。今思えば、変な宗教みたいでふたりしてかなりヤバかった。あと、子どもが生まれた後はSNSを見るのが嫌で、Facebookなどを封印。

●大好きなMISIAが聴けなくなった。歌詞が刺さりすぎて辛くて……。

●未来が考えられない、一家心中したい気持ち。当時の楽しい記憶がない。

●車の中で一生分泣きました。誰にも言えず、誰にも頼れず、娘と共に死を考えました。

●義母の勧めで、「手当て」と謳っていた霊能者にちょっと怪しいと思いつつお願いしたが、後に詐欺だったことが判明。でも当時は助けてほしいという気持ちで、すがるような思いだった。

●ヨガの講師もして健康に気を付けていたけれど、絶望期には夜な夜な暴飲暴食を続けた結果、心身ともに疲弊し、長男や夫にイライラをぶつける日々が長かった。

子どもの病気障害で絶望したことがある親御さんに当時のことを聞いて、「いつもと違う一面がひょっこり顔を出したのは私だけじゃないんだ」と、なんだかホッとしました。

〝いつもと違う行動〟は心がかなり大きなショックを受けて動揺している証拠。

振り子が左右に大きく揺れながら、時間の経過と共に自然と真ん中に落ち着くように、いつもと違う一面は、その後の元気な状態、ニュートラルに戻るためには必要なプロセスなのだと思います。

だから、おかしな行動をしても大丈夫！　むしろ、平気なフリをして感情に蓋をしてがんばってしまうと、いつしか心と身体が乖離してしまい、後々大変な精神状態になるリスクがあると思うのです。

この経験を通して私は、ショックのあまりいつもと違う行動、一面を見せている友人がいても、決して「おかしな人」という色眼鏡で見るのではなく、「今しっかり感情を発散できているから大丈夫」と見守り、寄り添うことができるようになりました。

無駄な経験なんて何ひとつないと言うけれど、本当にそう思います。

自分の経験を通して、周りにも還元できるときがくるのだから。

全ての過去の出来事を丸ごと抱きしめたいと思います。ギュッ。

【孤独を解消するために】

●パートナーや家族と対話する

ネガティブな感情を認めて手放し、自分を少しずつ客観視できるようになってきたら次のステップです。

友人やカウンセラーと話すことは大切なステップですが、孤独を完全に解消するためには、パートナーや家族など、あなたが抱える悩みを一緒に乗り越えていける方と対話をすることがとても大事だと思います。

実は、私はこの重要性に気が付くのが遅かったため、特にパートナーとうまく対話ができずに、ひとりで孤独を感じていた時期が長くなってしまったように思います。

「この世でこんな不幸な状況にいるのは私だけだ……」

この広い世界でひとりぼっちだと感じてしまう孤独。

孤独こそ、絶望を継続させてしまう原因の正体なのではないかと思います。

ここでひとつ提案があります。

あなたのパートナーまたはご家族が、今どんな気持ちでいるか、確認してみてほしいのです。当時の私は、夫の悠太と気持ちをシェアする機会をもたずに勝手に孤独を感じていました。

そこで、「今からでも遅くない、当時の悠太さんの心情を知りたい！」と思い、当時のことを改めて聞いてみました。

私「お医者さんに精密検査の結果を両親そろって聞いてほしいと言われて、平日の日中、仕事中の悠太に電話したじゃない？　そのとき、どんな気持ちで病院に向かっていたの？」

悠太「検査結果は父親も一緒に聞くものなんだと思って、なんの不安もなく病院へ向かったよ」

私「え?!　私が不安で押しつぶされそうになっていたとき、悠太はめちゃくちゃ楽観的だったんだね。

マジか……。じゃあ、検査結果で『筋ジストロフィーの疑い』と告げられた直後はどんな気持ちだった？」

悠太「衝撃だった。テレビ番組か何かで病名を耳にしたことはあったから、すぐに重度の障害があることだけはわかって、頭の中が真っ白になった。本当に記憶がなくて、覚えているのはお医者さんに言われた『（重度の障害がある子を育てる）覚悟を決めてください』のセリフだけかな……」

私「うん、私も同じくお医者さんのそのセリフだけは鮮明に覚えてる。じゃあ、その夜、私とマコは病院にお泊りだったけど、病院から自宅に帰るときは何を考えてたの？」

悠太「漠然とした不安が襲ってきて、すぐに携帯で『筋ジストロフィー』について検索した。立てない、歩けない、寿命が長くない、そんな文言ばかりで明るい情報が見つからなくて、どうしようもなくなって、ずっと禁煙していたけどタバコを吸って落ち着かせようとしたんだよね」

私「長女を妊娠したって伝えた日からずっとがんばって2年くらい禁煙してたもんね……悠太も相当ショックを受けてたんだね。でもさ、次の日から仕事にも行ってたし、私には平気そうに見えたんだけど、実際はどうだったの？」

悠太「それが、そこから1カ月間くらい本当に記憶がないんだよね。会社には行っていたけど、会社以外のところには行く気にならなかったし、本を読んだり、音楽を聴くことすら気持ちが乗らなかったかな。予定していた友人の結婚式には参列したけど、無理して表情作ったのを覚えてる。家にいるときも急に不安が襲ってきて、長女を抱きしめて気持ちをなだめようとしたり。長女はキョトンとしてたけど」

私「同じ空間にいたはずなのに、悠太がそんな状態だったなんて全然気が付かなかった……。お互い精神状態がいっぱいいっぱいだったんだね」

悠太「今までの人生で『解決策がない』ということがほとんどなかったから、治療法がない、解決策がない、という問題に直面して、どうしたらいいのかわからなかったんだよね」

私「そうだよね。私も自分の無力さに憤りを感じて、どうにもならない気持ちを信頼できる友達に話したり、友達にも言えないようなことはカウンセラーさんに相談したりして発散したけど、悠太は誰かに相談できてたの？」

悠太「特に誰かに相談しようと思わなかったかな。何かきっかけがあったという訳ではないんだけど、1カ月くらい経った頃から、前のような生活に戻って、音楽を聴いたり本を読むようになって、職場で仲のいい友達にだけマコの病気について話したかな。少しだけ気持ちが軽くなったのを覚えてる。あとは『マコの手足が動かないなら、僕がマコの手足になればいい』、そう思ったら気持ちが楽になったかな、当時は」

12年の時を経て、悠太の当時の心情を初めて知りました。

改めて、言葉にしないとわからないことってあるなぁと痛感します。

当時の私は、平気で会社に行って（いるように見えた）、夜もイビキをかいて爆睡している悠太を横目に見ながら、感情の温度差を感じてイライラしていました。

「私たちの子どものことなのに、なんで私だけショックを受けて不安を感じて生活しているんだろう。

寂しい」

そんな風に、勝手に孤独を感じていました。

だから12年前の私に伝えたい。

「悠太と、お互いどんな感情を抱いているのか、コーヒーでも飲みながら対話してみて」と。


対話をすることで、あなたが今感じている孤独が少しは解消されるかもしれません。

もしかしたら、ふたりともショック状態のときは対話にならないかもしれないし、余計温度差を感じることがあるかもしれない。

夫婦でも家族でも、違う人間なのだから、自分と同じ感情や思考でいるなんてことは全くなくて、価値観の違いがあって当然です。

そんなことは頭ではわかっているつもりでも、心ではどうしても「同じ気持ちでいてほしい」と切望してしまう。そんなこともあると思います。


「話す」のではなくて、「対話」という表現を使ったのは、対話の大前提は、相互理解だからです。

自分の考えや価値観を押し付けるために話すのではなく、「あなたの考えはそうなのね、そう思っているのね」という感じで、お互いが話す内容を理解しようとすることで、感情や思考を安心してシェアすることができるのだと思います。

今でも私と悠太は、意識を高く持たないと日々の会話が業務連絡ばかりになりがちで、なかなか対話のきっかけがつかめないことがあります。

そんなときは、「ちょっとコーヒー飲みに行こうか」「ご飯食べに行こう！」と私の方から誘ってみたりします。

まだ対話できていないなぁという方がいたら、この本をきっかけにしていただけるとうれしいです。

もしも私が12年前にタイムトリップできたとして、当時の悠太とちゃんと対話ができたとしても、イビキをかいて爆睡する姿にはどのみちイライラしていたと思います（笑）。

あと、悠太は「僕がマコの手足になる」って宣言した後、マコの「あっち行きたい、こっち行きたい」というリクエストにしばらく抱っこで応えていましたが、年齢と共にマコの体重も増えて、今や20kg超、一方で悠太の身体は衰えるばかり……。ついに先日、「僕はマコの手足にはなれません、だって重いもん！」と宣言を撤回したことをここに報告しておきます（笑）。

●繋がりを持つ

「難病・重度の障害がある子ども。福山型の筋ジストロフィー。周りにはいないし、この世で娘だけなんじゃないか……」

こんな錯覚に陥っていた当時の私に見せてあげたいデータがあります。

●国内で難病（治療困難で生命を長期的に脅かす疾病）がある子どもの数

123、693人

※日本の子ども160人に1人

引用元：小児慢性特定疾病児童とその家族の 支援ニーズの把握のための 実態把握調査の手引き書 令和4年3月 日本能率協会総合研究所
https://www.mhlw.go.jp/content/000928025.pdf

●全国の障害者の総数

約9、647、000人

（身体障害児・者が約436万人、知的障害児・者が約109万4千人、精神障害者が約419万3千人）

※国民のおよそ7・6パーセントが何らかの障害を有している

引用元：内閣府ホームページ　参考資料　障害者の状況

https://www8.cao.go.jp/shougai/whitepaper/r03hakusho/zenbun/siryo_02.html

ちなみに、日本国内の身長180センチ以上の男性の数はおよそ6・5パーセント、約15人に1人だそうです。

※引用元：統計ラボ「男女別身長偏差値」

https://toukei-labo.info/10_taikei/10_shincho.html#hensa_m

身長180センチ以上の人となると結構周りにいるので「珍しくはない」という感覚ですよね。

冷静にデータを見るとこの世に難病、障害がある人はひとりじゃないことは安易にわかりますが、きっと今までの人生で出逢ったことがないという「経験値の低さ」と珍しいという「偏見」が、孤独を生み出しているのではないかと思います。

現に私自身、お医者さんからマコの疾患名「福山型先天性筋ジストロフィー」を最初に聞いたとき、この疾患がある人がどんな人生を歩んでいるのか全く想像できませんでした。

これまでの人生で出逢わなかったのだから仕方がないことだと思います。

ただ、あまりに無知すぎて、「福山」というワードから瞬時に福山雅治さんが頭に浮かんだことだけは鮮明に覚えています(笑)。

初診でお世話になったお医者さんから、「保育所などの集団生活は流行り病をもらってくる可能性大なので行かない方がいいでしょう。人混みが多いところも控えてください」と言われて、全てのアドバイスを真面目に受けた私は、八方塞がりで息苦しくなり、生きる希望を失いました。

その後、ネット上の救いようもない情報にフルボッコされたあと、「リアルな情報がほしい。今、実際に生きている同じ疾患の人たちの情報がほしい!!」と熱望し、住んでいる地域に同じ疾患の方がいないか市役所の障害福祉課に聞きに行ったところ、「市内にはいませんね〜」とあっさり言われガッカリ。

ただ、その数年後に、実は自宅近くに同じ疾患の方がいることが判明。しかも奇遇なことに同じ苗字の方でした。

「日本特有のマイナーな疾患で1000〜2000人しかいないみたいだし、そう簡単には出逢えないよな〜」と思い、次に当時主流だった『mixi』というSNSで福山型先天性筋ジストロフィーのコミュニティを探してみたところ……ビンゴ!

そこには、全国各地に同じ疾患の子どもを持つ家族がいて、マイノリティだと思っていた感覚が一気に吹っ飛びました。

そこで先輩たちのリアルな生活事情を教えてもらい、やっとマコの将来が描けるようになっていったのです。

「保育園はどうしてる？　お出かけはしてる？」など、お医者さんにNGと言われていたことを確認したら、同じ疾患の子たちが保育園に行き、お出かけもして、案外楽しく日常生活を送っている事実を知ることができました。

「な〜んだ、保育園行けるじゃないか！」

前例を知ることで急に心強くなった私と夫は、保育園問題に関して「マコが笑顔で暮らせるのはどちらの選択だろう」と笑顔の天秤にかけました。

「感染のリスクを考慮して家で過ごす」、それとも「保育園でお友達と遊んで過ごす」か。

夫婦で話し合った結果、感染のリスクは承知の上で、社交的な性格のマコには人との関わりを断絶する方が人生のリスクだと思い、保育園へ行くことを決めました。

実際、何度も感染症で入退院を繰り返したけれど、お友達や先生たちと過ごした日々はかけがえのない時間になったし、娘もたくさん成長したので、後悔は全くありません。

私も、もしマコと家で過ごすことを決めて人との関わりを断絶していたら、親子ともども相当ストレスを感じていただろうと思います（もちろん、仕事復帰した後は大変だったけれど）。

実際、お医者さんにもいろんな見解の方がいらっしゃいます。

後にマコの主治医になった先生は、「集団生活はいろんな成長を促すためにもいいですよ。特にこの疾患は社交的な子が多いから！」と初診の先生と真逆のことをおっしゃっていて、生活面に関するお医者さんのアドバイスは100パーセント受け入れるのではなく、ひとつの考えくらいにとらえるのがベストだと学びました。同様に、医療に関することもセカンドオピニオンを活用しながら判断していきたいと思っています。

家族会などのコミュニティでは「実際、薬の服用、手術を受けてどうだったか」など予後の相談ができるのも心強いです。

私は家族会やコミュニティに属したことで、生きた情報が手に入れられ、孤独から解放されました。

ちなみに、行政のサービスについては市役所に相談しますが、同じ疾患の方の情報などは民間団体に相談するなど、相談内容によってそれぞれ得意不得意があることも学びました。

ネットやSNSで「病名」「家族会」「患者会」などのワード、もしくはハッシュタグで検索するとそれぞれの疾患の団体を探すことができます。

■私自身が参加しているコミュニティ

『ふくやまっこ広場』

http://fukuyamakko.com/

いろんな家族会のハブを担っている団体、希少疾患のための団体がない患者さんのための場もあります。

■難病や慢性疾病、障害のあるお子さんとそのご家族をサポートしている団体

『認定ＮＰＯ法人 難病のこども支援全国ネットワーク』

https://nanbyonet.or.jp/

■各都道府県にある医療的ケア児者の家族会を繋いでいる全国ネットワーク

『全国医療的ケアライン（i-Line アイライン）』

https://www.i-line.jp/

■希少な難病の患者団体や地域のグループ、
疾患ごとの患者会を作ることができない患者さんたちの情報発信を支援するサイト
『希少疾患交流情報サイト（なんコミュ）』
https://nancommu.net/

私自身が代表を務める団体もありますので紹介します。

■噛む力・飲み込む力が未発達、弱い、摂食嚥下障害がある子どもとその家族のコミュニティ
『スナック都ろ美（とろみ）』（一般社団法人 mogmog engine 運営）
https://snack-toromi.com/

私と、同じ摂食嚥下障害がある娘がいる永峰玲子が共同代表を務めており、全国各地に約１１００名（２０２４年９月現在）の登録者がいます。

月数回オンライン上でオープンしている「スナック都ろ美」に加え、365日LINEオープンチャット上でオープンしている「スナック都ろ美」では、当事者家族同士が気軽に日頃の悩みや工夫を情報共有する大切な場になっています。

■障害がある子どもの親対象のオンラインサロン

『LIVE MY LIFE（リブ マイ ライフ）/ PLAY MY LIFE（プレイ マイ ライフ）』

https://liveandplaymylife.hp.peraichi.com

LIVE MY LIFEは、重度の障害がある子の親が、「自分の人生を生きる」、「ハッピーな子離れをする」、この2つを目的としています。

50名（2024年9月現在）の仲間がいて、中には海外在住の方もいます。

情報共有に加え、スタディツアー、アイデア出しなど、仲間同士で価値観やアイデアの摩擦を起こすことで、それぞれが描くビジョンに磨きをかけ、現実化していくことを日々切磋琢磨しています。

PLAY MY LIFEは、障害がある子の親が、「遊びを大義名分にすること」を目的としています。

遊びに貪欲な仲間の集まりで、子どもと一緒のときも親だけで遊ぶときも、生きている限り楽しみたい人たちが『遊び』で繋がる場です。

どちらもいつでも仲間を募集しているので、ぜひお気軽に問い合わせください。

小さな一歩があなたの世界をガラッと変えることがあります。

どうしても勇気が出せなかったら、まずは私と繋がりませんか？

この本を読んでくれている時点で、もう既に繋がっていると私は思っています。

当時に比べて今はSNSがかなり発達して、立場や距離を超えてすぐに人と繋がれるすごい世の中になったなぁと、ここ10年の変化を振り返り感じています。

誰でもスマホがあれば、手のひらの中で情報を気軽に入手や発信できるので、病気・障害に関する情報もかなり得やすくなっている現状になっています。

同じ疾患がある方や家族がどんな生活をしているのか、気軽に動画で見られるのもすごい進化だと思います。

私もマコの日常の様子を動画で撮って、SNSで投稿、リアルタイムで同じく障害があるお子さんがいる親御さんたちとメッセージでサクサクっとやりとりをして、情報共有をしています。

ただ、その分、比較対象が増えて不必要に自分や子どもの状態を卑下してしまったり、情報過多で疲労してしまったりするデメリットがあるのも事実。

情報がない時代は「気軽に情報を得られる世の中になってほしい!」と願っていたのに、いざ気軽に情報が得られる世の中になったら、「キラキラした人たちと自分を比べてしまって落ち込む。情報がありすぎて選択に困る!」となってしまうのだから、人間って本当に勝手ですよね。

SNSは使い方次第。日常生活で役立つことはどんどん取り入れていき、少しでもネガティブになるときは「見ない」という選択をしながらうまく付き合っていくしかないと思います。

●あなたの絶望を他者と共有する、他者の絶望を知る

孤独って、絶望を増幅させる要因だなと思います。

「こんな絶望的な状態にいるのは私だけなんじゃないか。誰も私のことなんてわかってくれない」

12年前に私が抱いていた感情です。

しかし、「その感情はもしかすると錯覚なのかも?!」と感じられる調査結果があります。

私自身が、障害がある子どもの親130名に実施したアンケートで、「お子さんの障害がわかった当初抱いた絶望」について聞きました。

みなさんの絶望ポイントに、私はとにかく共感しまくりました。

〈みんなが感じる7つの絶望〉

①子どもの将来

●どのように成長するのか、全く想像ができなかった。治療法がないと言われて絶望した。

●「将来が描けない」「一言も喋らない子もいる」の記述に、女子トークもできないのか……と落胆した。

②子どもの病気・障害に関すること

●情報が少なく、今後この子はどうなるのか？　自分にこの子を育てる器があるのか？　と不安に押しつぶされそうになった。

●実際にまだ起きていないことへの絶望感よりも、「ミルクを飲んでくれない、飲むのがめちゃくちゃゆっくり」「眠れない」「泣きやまない」「どうやって遊んだらいいのかわからない」、目の前の育児がつらかったです。親もいなくて、誰にも育児について聞けない。お友達、保健師さんも「大変だね」とは言ってはくれるけれど、実際見ているのは私だったから。

③きょうだいへの心配

●4つ上にもうひとり娘がいるのですが、その子の将来がめちゃくちゃになるのではないか……苦労をかけるのではないか……ということがただただ心配でした。あと、こんな平凡な私がこんなにたくさんの障害を持った子を育てられるのだろうか……と自信がなく、絶望を感じていました。

●どの様に生活したらいいのか、この命を守れるか、きょうだいが惨めにならないか。

④親（自分）の将来

●自分も身体が動かなくなった気がした。十字架を背負って生きていかなくてはならないと感じた。

●ショックというよりも、当たり前の人生が歩めないのか、と真っ白になりました。

●育てていける自信がない。将来への絶望。今までの生活にさようなら。

●この先、一生子どもの世話から逃れられず、人にも顔向けができず、人生が終わったなと感じた。

⑤親の現実的な問題

●私自身の仕事のキャリアに対して。わかったときから1カ月ほど記憶はなかった。

●将来が見えない。今後どうしたらいいかわからない。仕事が続けられなかったら生活ができない。マジで勘弁してほしい。

⑥対策がわからない・情報がない

●情報が少ない。発達に期待が持てない。どう暮らしていけばよいのかわからなかった。

●診断されただけで、将来のことや育て方の情報がない。

⑦とにかく気持ちが乱れる・自分を責める

●とにかく頭が真っ白。何も考えられない。

●この先どうなってしまうのか。生まれたばかりなのに死を考えなければいけない。全て悪いことしか考えられない。不安、孤独。

●やっぱり自分を責めてしまいました。子どもに関しては病名、障害があるとわかっていたことで発達の遅れには納得がいきましたが、医師からのこの障害にはこういうことが起きます、という説明に涙しました。あまりなぜか当時のことを覚えていませんが、とにかく同じ年代の子を見ると胸が苦しくなっていたように思います。

みんな、それぞれのタイミングで絶望を味わっているのです。

これらの絶望ポイントを見れば一目瞭然です。

私以外の、少なくともアンケートに答えてくれた130名の方々も、同じような絶望経験をしていることがよくわかります。

冷静になればわかることですが、マコと同じ疾患の子どもがいる家族は、この世に一定数存在します。

同じ経験をしてきた仲間がその数だけいるのです。

それなのに、絶望の渦中にいるときは、同じ境遇の人がいるなんて一切想像もできず、ましてやパートナーや家族、友人の存在すらも自分の世界から消え去って、本当に孤独で辛い気持ちになってしまいます。

私の場合、「ひとりじゃないんだ」と目覚めたきっかけは、父がかけてくれた一言でした。

「僕たちが、君たちのことを守るから」

僕たちというのは、私の家族、お父さん、お母さん、あーちゃん（姉）、ちーちゃん（妹）のこと。君たちというのは、私やパートナーの悠太、長女やマコのこと。

私が未来に悲観して泣きじゃくっていたときに、父がかけてくれたこの一言に救われました。

現に今、家族だけではなく、友人、コミュニティの仲間、医療福祉サービス支援者の方々など、本当にたくさんの人たちに助けられて生きています。

どうか「孤独」という錯覚に惑わされないでほしい。

深呼吸して、今一度周りを見渡してみてほしい。

大丈夫。あなたはひとりじゃない。

【前を向いて一歩を踏み出すために】

●やれることは気が済むまでやる

私の場合、マコの病気に関して無力な自分を受け入れられず、愛する我が子を想えば想うほど、「私にできることは何もない」のではなく、「娘と生きていくからには、私にできることは何でもやる！」という視点に変わりました。

それは正直、前向きというより、狂気に近いものがあったかもしれません。

あるときは、「私がマコを助ける医者になる！　治療薬がないなら、私が作る！」と意気込んでみたことも。

これに関しては、ネットで調べてみたところ、高卒の私が仮に一発で大学に合格したとしても、そこから医学部で6年間勉強し、ストレートで国家資格に受かって医者になって、研究を始めたとして……と、かかる時間をざっと計算したところ、「もうマコは中学生になっちゃうじゃん！　間に合わない（涙）」と現実を知り、ほんの10分でとん挫しました（笑）。

必死になったことと言えば、療育とリハビリです。

マコが1歳になる頃、リハビリが始まりました。主治医の指示のもと、自宅から週1回1時間半かけて東京の病院まで通っていました。その後、あまりに大変だったので自宅近くの療育センターに切り替え、リハビリの回数を週2－3回に増やし、理学療法、作業療法、言語聴覚など、必要とされることは全てやりました。

それだけではなく、「マコのため」と思って療育・知育・民間療法など効果がありそうなことを手当たり次第調べては、片っ端から試しました。

素早くカードを見せて瞬時に記憶させるフラッシュカードから、発達にいいとされる運動まで、とにかく気になったことは全てやりました。

フラッシュカードに夢中だったときは、マコの目線はカードを見ておらず、必死にカードを次々と出す私の姿を見て喜んでいるだけなのでは？　と疑問を感じていましたが、半年くらい続けました。

もちろん効果に即効性がある訳ではなく、マコの関心も徐々に薄れていくのを感じ、私のモチベーションもいつの間にかフェードアウトしてしまいました。

発達にいいと聞いた運動は、自ら身体が動かせないマコの手足を私が必死に動かし、脳の活性化を狙って朝晩続けていましたが、次第に装具を付けたリハビリや先生に教えてもらった日々のストレッチに時間を割くことで手いっぱいになり、そのうちやらなくなってしまいました。

その他にも、言語発達を促進するための教室に自宅から2時間近くかけて通ったり、病気を治せると聞けば、往復4時間かけて気功を受けに通ったり……。

また、「身体は食べるものでできる」と聞いて、「これは確実に親にできることのひとつじゃないか！」と、食についてもあらゆる講座や資格を受けては家で即実践。ヴィーガン、雑穀、酵素玄米、オーガニック食材などなどにどっぷりハマっていきました。

そんな食事に厳格な私に対して、家族は相当気を遣っていた、いや、気が滅入っていたと思います。

玄米生活が続く中、「白米を食べたい」とうっかり本音を漏らしたパートナーを「私は一生懸命こんなに食に気を遣っているのに!!」と睨み返していたのだから（笑）。

一時期は、食卓がお葬式のような暗さになっていたくらい……残念な黒歴史です。

ただそれでも、いろいろ調べて情報を収集することは大切だし、何かしていないと気が済まないときはとことんやった方がいいと思っています。

なぜなら、何もしない時間はついつい頭の中でぐるぐる悩んでしまいがちですが、物理的に忙しくすることで悩む暇がなくなり、必要以上に悩みを深掘りすることもなくなり、あれこれ考えずに済むようになります。

答えがない悩みに関して「WHY（なぜ）？」と掘り下げると、途方もなくネガティブになってしまいます。でも、そこに答えはありません。だったら掘り下げる必要はないのです。

当時を振り返っても、「覚悟したぞ！」という瞬間は全く記憶にないのですが、娘の今ある命を目の前にして一緒に生きていく覚悟と責任を自ずと感じられるようになりました。結果いろいろやらかしたけれど、「ウジウジ悩まずに行動あるのみ！」とシフトできたのはナイスだったと、過去の自分を褒めてあげたいです（笑）。

また、動くことによって、たくさんの出逢いやご縁に繋がっていきます。

失敗を恐れたり、何もせずに「後でやっておけばよかった」と後悔したりするよりも、「やったけど娘には合わなかった」と腑に落ちる経験や、「やってよかった！」とハッピーになることをこれからも私は選択し続けたいのです。

過去のガムシャラだった自分にハナマルをあげたいと思います！

●目の前の子どもをよく見る

手当たり次第試して、とにかくいろんな情報に振り回されていた頃の私は、誰にも止められないくらい暴走していました。

しかし、ある日、主治医の先生がかけてくれた言葉にハッとしたのです。

「お母さん、ネットやその他の情報に振り回されないでね。目の前のマコちゃんをよーく見てあげてね。どんなことをしたら喜ぶか、どんな遊びが好きか、マコちゃんをよく見ていてあげてね」

その瞬間、目が覚めました。私は目の前で生きるマコという存在を通り越して、世の中に溢れる情報に翻弄されていたことに気が付いたのです。

目の前で生きるマコを、ちゃんと見てられていなかった。

マコのため、と思ってこれまでいろいろやってきたけれど、本当にマコのためなのだろうか。

自分が無力であることに対する悔しさを埋めるための行動だったのではないか。

今しかない娘の成長を見ずに、まだ起こらぬ未来に対する不安だけに目を向けて、その対策に躍起になっていただけなのではないか。

主治医が落としてくれた優しい落雷を受けて、ようやく正気を取り戻した私は、マコが発する表現ひとつひとつに、丁寧に目を向けるようになりました。

そして、一点の曇りもない瞳と安心した表情で私に微笑む娘を見ていて、私は確信したのです。

「あれこれやることが無力に対する攻略法だと思っていたけれど、違う。私が存在すること、それだけでマコにとってすごい力になれているのだ」

そう気付いたのです。

私が不安な状態でイライラしながらマコのそばにいるよりも、元気な状態で生きていく、それが娘にとっても幸せなのだと。

私が元気でいれば、マコのやりたいことや経験することを全力でサポートできる。そして、周りに協力を呼びかけて、もっと大きなサポートも得ることもできる。

それこそが私の親としての役割なのだと腑に落ちました。

そこに気が付いたとき。それが、私が無力という絶望から解放された瞬間でした。

それからは、マコに関することは彼女の瞳や表情をよく見て決めるようにしています。決断や行動の先に、彼女の笑顔はあるのか、笑顔の天秤にかけるのです。

そして、私のコンディションを常にいい感じに保つことも大切にしています。

ひとりでがんばろうとせず、もっと人を信用することを心がけています。

●事実を知り、自分の目で確認する

私の場合は、マコの疾患をもっと知りたいと思ったとき、娘が将来こうなるであろう姿を確かめておきたいと思いました。

正直、そのときの私は、「子どもが寝たきりになるって不幸なことだ」と思っていて、考えるだけでものすごく怖くなっていました。

けれど、心のどこかで「寝たきりで生活している方は、この世に一定数いるはずで、はたしてみんな不幸なのか?!」と感じていたのです。

「寝たきり＝不幸という感覚は、無知からくる偏見なのかもしれない」と。

そんな中、成人を迎える福山型先天性筋ジストロフィーの先輩Sくんのお母さんと知り合い、ご自宅に伺うチャンスが訪れました。

逢う約束をした電話での会話で、Sくんのお母さんがおっしゃったことを今でも覚えています。

「うちの子、寝たきりだし気管切開とか医療的ケアもあるじゃない？　病気が進行した姿を実際に見るのって、怖いと思う。だから無理はしないでね」

それを言われて一瞬ひるんだのだけど、お母さんが明るい方だったのと、やはり無知からくる偏見だとしたら、それは壊したいと思い、「ぜひお逢いしたいので、伺います！」と返事をしました。

そして、実際にお母さんやSくんに逢って、私の偏見が消え去ったのです。

「病気が進行しても、寝たきりでも、医療的ケアがあっても、不幸ではない」と。

お母さんから真っすぐな愛を受けて生活しているSくんの瞳の表情がすごく生き生きしてて、ハッとしたのです。

Sくんは、もともと流暢にお話をする子ではなく、あーうーなどと発語して意思表示をしていたのだけど、筋力低下で唾液などでの誤嚥を防ぐために気管切開をした後は、瞳や頭を動かすなどの方法でコミュニケーションが取れるようになっていました。

もちろん、声を使ったコミュニケーションが失われることを想像すると、胸がギュッと締め付けられたのですが、Sくん本人は今残された機能で精いっぱいコミュニケーションを取っていて、「私が勝手に悲しむのは筋違いだな」とすぐに思い直しました。

無知からくる偏見は、誰にもあると思います。

無知だから、わからないから、怖いと感じることもあるけれど、知ることで偏見が消えて、新たな発見になる。それが、生きる強さになることもあると思うのです。

Sくんとお母さんとの出逢いは、間違いなく私を強くしてくれました。

寝たきりでも、そうでなくても、どんな状態でも、変わらずマコの瞳と表情をしっかり見ようと誓いました。

●平均寿命という呪縛への向き合い方

私は心から前を向いて生きていくために、「平均寿命」という〝呪いの言葉〟と向き合う必要がありました。

当時、マコの疾患をネットで調べると「平均寿命10代」という言葉がすぐに目に飛び込んできました。最初その文字を目にしたときは、心臓が止まるのではないかと思うほどのショックを受けて、それ以降トラウマのような呪いの言葉となっていました。

「生まれたばかりなのに、もう子どもの死を考えなきゃいけないなんて……」

娘が成人を迎えることができないかもしれないということを想像すると、とてもじゃないけれど堪えられなかったのです。

それから私は、「平均寿命」「寿命」という言葉と向き合うことになる、というよりもずっととらわれてしまっていました。

今でこそ、その言葉は全く怖くなくなりましたが、呪縛から解放されるための術はこれ！　といった一撃はなく、いろんな価値観や出逢いを通して、少しずつ解放されていった気がします。

先ほど紹介したSくんや、平均寿命と言われる10代を超えて生きている先輩との出逢いを通して、「な～んだ、平均寿命を超えても幸せに年を重ねている方々がいるじゃないか」とホッとしたり。現に、マコと同じ疾患で40歳を超えている方もいます。

また、保育士である私の姉に、「保育の仕事をしていると、その子その子でがんばる力が違うのがわかる。だからきっと、マコちゃんはマコちゃんの力を持っている」と言ってもらい、「平均」とか顔が見えない何かと比較することをやめようと思えるようになりました。

そして、マコが1歳の誕生日を迎える前日、２０１１年3月11日に起きた東日本大震災。毎日のニュースで死者行方不明者の数が発表される度に、「明日も必ず生きられると確約されている人間は誰ひとりいない」という事実を目の当たりにしたのです。

その中で「病気にかかわらず、誰も人間の寿命なんてわからないんだよな……私にも、明日が確実にあるとは限らない」と痛感しました。
「平均寿命にとらわれて悲観して生きるよりも、今この瞬間、確実にある時間を楽しんで、積み重ねて人生を終えたい」

純粋にそう思えたのです。

もちろん、平均寿命の言葉にショックを受けた家族は私たちだけではありませんでした。同じように苦しんでいる人が多いことがわかったので、日本筋ジストロフィー協会のホームページから「平均寿命」について書かれた文章を削除してもらうよう、患者家族会からお願いをし、その後に削除されました。

実際、医療の進歩と共に救える命が増えている事実があります。

頭ではマコの寿命≠平均寿命だとわかってはいても、いまだにマコの死を想像すると胸が苦しくなるし、病気の進行を感じる度に涙するし、マコがこの世からいなくなったらどうしようと考えてしまい、怖くて怯えることもあります。

そんなときは、目の前に確実にある命に集中するようにしています。

マコを抱きしめて体温と鼓動を感じると、私の中の平常心が戻ってきます。

毎日毎日、愛を伝えて、今確実にある命を大切に育んでいきたいと思います。

●拗ねている自分に気が付いたらなる早で手放す

「マコみたいに障害がある子は、この世の中にウェルカムな存在じゃないんだ……」

マコに障害があるから、幼稚園や地域の学校に（やんわり）受け入れられない、商品がない、サービスがない、遊びがない、外出が簡単じゃない……。

「ない」が続くと、私の心はどんどん拗ねてしまう傾向があります。

「障害があるマコが悪いのか、産んだ私が悪いのか」って卑下してしまうことも。

でも、頭ではわかっているんです。拗ねていても現状は変わらないし、何も解決しない。それどころか、さらに状況が悪化することを。

そして、だいたい拗ねているのはいつも私だけで、事の発端であるマコ本人はいつも気にしていない感じがします(笑)。

もしかしたらマコは、「障害というのは社会側にあるもの。だから、困ったらその都度、環境改善すればいいだけ♪」というのを、本能で知っているのかもしれません。


実際、拗ねれば拗ねるほど絶望の渦に飲まれてしまいます。だから、なるべく早い段階で切り替えることをお勧めします。

私の場合、「このまま拗ね続けて、こんな感情のままでいて、はたして自分は、マコは幸せなのか?」という問いを自分に投げかけることで、気持ちの切り替えをしています。

拗ねてもいい。愚痴を言ってもいい。

だけど、この先の人生を幸せに生きたいのなら、タイミングを見て早めに気持ちを切り替えて、環境改善に徹した方が断然いいです!


例えば、私の友達で小麦アレルギーの子がいるのですが、その子とお食事をするときに「私、小麦アレルギーあるから外食楽しめないから行かない」と拗ねられてしまうと、そのときは一緒に行けるお店を探すけれど、次回も一緒に行くのは気が重くなってしまいますよね。

しかし、「小麦アレルギーがあるんだけど、みんなとお食事を楽しみたい！」と楽しみたいという素直な気持ちをセットで伝えてくれたら、「よし、どうしようか！　どうしたら一緒に楽しめるだろうか？」と周りも前向きな思考になります。

巷で流行っているグルテンフリーのお店を探したり、いっそのこと外食じゃなくて持ち寄りパーティーにするなど、いろんなアイデアを出し合い、みんなで一緒に楽しめる方法を編み出せると思います。

また、「グルテンフリーや小麦を使っていない料理やお店」という視点は、その子と出逢わなければ持てなかったし、経験できなかったこと。何よりも次回も一緒に課題を攻略、新規開拓しながら食事を楽しもうという気持ちになります。

何か制限があったり、できない事実を踏まえたりした上で、「じゃあ、どうするか」とみんなで考えることって、その場にいる人たち全員の創造性を鍛えるチャンスだと私は思います。

そんな私も、友達と車椅子に乗ったマコを連れてお出かけする際、段差がある場所に遭遇する度に、「わ、行けない。みんなに申し訳ないな」と感じるのですが、自分で打開策を考えつつ、一緒にいる人たちの創造性を信じて、「どうしようか！」と投げかけることにしています。すると、「別のルートで行こう！」「担ぐから大丈夫！」など何かしら解決策が出てくるものです。

自分ひとりでなんとかしようとせず、その場にいる人たちの創造性とマンパワーを信じることは、障害がある子を育てる中で、子も親も健全に過ごすため、周りのサポートを得て生きるために、大切なことだと思います。

いつでも周りが絡みやすく手を差し伸べやすい雰囲気でいるために、自分の人生の幸福のために、そして何よりも子ども自身が生きていくサポートを得るためにも、拗ねる時間をなるべく短くすることが大事です。

「拗ねている自分に気が付いたらなる早で手放す」

これが、私のモットーです。

切り替えができるようになった私は、今では日々のちょっとした絶望に遭遇する度に、「拗ねる暇があったら攻略！　さて、どう攻略しようかな！」とゾクゾクしちゃう変態になっちゃってます（笑）。

第一章 『絶望からの脱却』

第二章 『固定観念の枠を外すマインドセット』

第三章 『絶望を希望に変えるための3つのアクション』

83

【背負った十字架を手放すために】

●親には親の人生、子どもには子どもの人生がある

さて、スッキリした気持ちで次の章に行く前に、ひとつ提案したいことがあります。
もしあなたが、「子どものために自分の人生を犠牲にする障害児の親」という名の十字架を背負っているとしたら、そろそろ手放してみませんか?

「私のせいで娘は障害がある人生を送ることになった。だから一生お世話をすることで償わないといけない」

「私と夫が出逢わなければ……」

※娘の疾患「福山型先天性筋ジストロフィー」は、私と夫の両方が変異した遺伝子を持っていることにより、両方から受け継いで発症します。

昔の私は、誰かに直接責められた訳でもないのに、勝手に、無意識に、自分のことを責める日々を送っ

ていました。

当時、「私と出逢わなければ、疾患があるマコは生まれてこなかったのにね……」とネガティブモードで悠太に伝えたところ、「こんなにかわいい子が生まれてくるなんて、僕たちの出逢いは運命だね♡」と想定外のロマンチックな返答があり、おかげで少しだけ十字架が溶けましたが(笑)。


「これから私の人生、子どものために捧げなければ! でも、そんな人生は絶望的すぎる。私には無理だ……」と萎えては、「自分はダメな母親なんじゃないか」と自己否定を繰り返していました。


今思えば、果てしなく湧き出てくるネガティブな感情を、どこにぶつけたらよいかわからず、誰も傷つけずに済む手っ取り早い方法として、自分自身に批判の矢を向けていたのかもしれません。

当時の自分を俯瞰できる今の私だから言えることですが、気が済むまでネガティブになって大丈夫。むしろ無理矢理ポジティブになろうとはせず、抵抗せずにズシーンとどん底まで落ちる経験も、後々元気な状態に回復するために必要だと思います。

案外、人間ってずっとどん底にはいられず、そのうち嫌でも浮上するものなのです。

ネガティブのどん底から少し浮上して、ほんのちょっと周りに目を向けるゆとりができた頃、私はあることに気が付きました。

「難病という事実が人生に降りかかったのは、私ではなく、マコ自身。今、マコは何をどう感じて生きているのだろう?」

そこで彼女の顔を覗いてみたら、相変わらず穏やかで、まるでお地蔵さまのような表情をしていました。

私やパートナー、周りの大人にとって、2010年9月27日にマコの病気・障害がわかったことは「非日常」な出来事でした。

しかし、当の本人マコにとっては、生まれてからずっと「日常」が続いていただけなのかもしれません。

そんな中、「親は親の人生を、子どもは子どもの人生を」という考え方があったことを思い出して、長女を出産後すぐに受講した親子のコミュニケーションプログラムで出逢った詩を改めて読み返してみました。

カリルギブラン「預言者」より

あなたの子どもは、あなたの子どもではない

待ち焦がれた生そのものの息子であり、娘である

あなたを経てきたが、あなたからきたのではない

あなたと共にいるが、あなたに属してはいない

あなたは愛情を与えても、考えを与えてはならない

なぜなら、彼らには彼らの考えがあるから

あなたが彼らのようになる努力はしたとしても、

彼らをあなたのようにすることを求めてはならない

なぜなら、生は逆戻りしないし

きのうのままにとどまりもしないのだから

マコの人生と、私の人生。

全く違う人生がふたつ、この世に存在しているという事実を、私はすっかり忘れていました。

生まれたときから、マコは彼女の人生を生きているのに、私は彼女の病気・障害をネタに勝手に十字架を背負い、悲劇のヒロインになろうとしていたのです。

でもそんなこと、私も本心では望んでいない。

何よりもマコが望まないだろうな、と穏やかな表情の彼女を見ていて冷静になりました。

私がマコの立場だったら、「あなたのために、私の人生を犠牲にしています」って親に思われながら生きるのなんて絶対に嫌だ。


「やめた、十字架背負うのやーめた!!!　私も自分の人生を生きたい!!」


こうして私は、「子どものために自分の人生を犠牲にする障害児の親」という十字架を、心の中で背負い投げしました!

その日を境に、マコの障害をネタに自分の人生をあきらめたり、卑下したりすることを一切やめたのです。

●変えられないこと、変えられること

世の中には、がんばれば変えられることと、どんなにがんばっても変えられないことがあります。


マコの難病は治療法が確立していない現状、変えられない事実。

彼女が自力で歩けないのも、変えられない事実。

そこに執着してもがき苦しむのではなく、変えられない事実として受け入れていこう。

でも、私自身の物事のとらえ方や生活環境など、変えられることはどんどん変えていこう。

そう思うことができたとき、私の心は軽くなり、一歩も二歩も進んだ気がしました。


最後に、このマインドをインストールするきっかけになった大切な詩を紹介します。

ラインホールド・ニーバーの「祈りの言葉」

主よ
変えられないものを受け入れる心の静けさと
変えられるものを変える勇気と
その両者を見分ける英知を我に与え給え

God
grant me the serenity
to accept the things I cannot change,
the courage to change the things I can;
and the wisdom to know the difference.

次の章では、変えられるものを変える勇気をくれた、様々な出逢いの軌跡をお伝えします。

実は、マコが5歳の頃（2015年）に『えがおの宝物 ‐進行する病気の娘が教えてくれた「人生で一番大切なこと」‐』（光文社）という本を刊行しました。その本には、病気・障害がわかったときの心情や、前を向くきっかけになったことなどを事細かに書きました。

もし、関心がある方には読んでいただけるとうれしいです。

▼えがおの宝物
‐進行する病気の娘が教えてくれた「人生で一番大切なこと」‐
https://amzn.asia/d/7tssabZ

COLUMN:01

今ならネタにできる、パートナーに対する絶望時の愚痴

アンケートで「今だから言える、お子さんの障害がわかった当初、パートナーの言動でツッコミたかったこと」を聞いたら、こんな珍回答がありました。

- 日本に100人未満とされる疾患と聞いて、「すごい確率。宝くじも当たったことがないのに……」と言われた。
- 酸素投与していたのでカンガルーケアがひとりしか認められず、パートナーに譲ったとき、遠慮しろよ、と思ってました……(笑)。
- 元夫は、「俺たちが一生面倒見ていかないといけない子だな」と言ったくせに、5年後、離婚させられました。子どもたちの親権は私になったものの、養育費も支払いが滞り、「よく一生とか言ったな」と今でもはらわたが煮えくり返る思いがあります。
- 階段から落ちれば、治るんじゃない？　と言われた。治るかボケ！

●出産直後にわかって、分娩室での説明。なので、こっちは疲労困憊、ホルモンバランス崩れてメンタル崩壊中にもかかわらず、夫がわんわん大泣きしてなぜかこちらが励ますことに……ってゆーか泣きたいのはこっちなんですけどってなりました。

●何も言わなかったので。「一緒にがんばろう!!」とか言えんのかーい!!　と思ってました……(笑)。

●子どもの病名、ウォルフ・ヒルシュホーン症候群を「病名がカッコイイ!」と何度も連呼していたことに対して、ツッコミたかったです。

●「障害児を育てるビジョンはない」と言われたとき、そんなビジョンなんて持ってる人はいないと思った。

●病気がわかってすぐに、次の子をつくろうと言われて呆れた(笑)。

●「自分も育児を一緒にやる」って言ったけど、結局やってないよねーと言いたい。

当時は笑えなかったとしても、こうして後にはネタにできるときがくるのだから、時間が徐々に癒してくれることってあるのだと思います。

Life was like a box of chocolates.
You never know what you're gonna get.

人生はチョコレートの箱のようなもの。
開けてみないとわからない。

– 映画『フォレスト・ガンプ』より –

第二章『固定観念の枠を外すマインドセット』

この章では、私の人生が「絶望」から「希望あふれるもの」になるきっかけになったヒト・モノ・コトを紹介します。

出会いを通して新しい価値観や視座を知ることで、自身の固定観念に気付き、不要なものを放念し、心身ともにゆるむことができました。
私のマインドセットに大いに影響し、ネガティブをポジティブにアップデートしてくれたヒト・モノ・コトに心から感謝をしつつ、ラブレターをつづるような想いで愛を込めて紹介をします。

今、漠然とした不安を抱えている方がいたら、この章を読み終わるころには、心の霧が少しでも晴れて、モヤモヤからポカポカした気持ちに変化してくれていたらうれしいです。

私の障害に対する固定観念をアップデートさせてくれたヒト・モノ・コト

マコと生活をする中で、食事・衣類の着脱・歯磨き・排泄など、ほとんどの動作を介助していると、「障害があると、できないことがたくさんあるな」と、「娘はできないことだらけ」という視点になってしまいがちです。

公園に遊びに行っても、娘は背もたれがない板1枚のブランコに座れず、遊べる遊具はない。おもちゃ屋さんに行っても、筋力が弱くてボタンが押せず、娘がひとりで遊べるおもちゃはない。スポーツや楽器演奏もできない。将来的に働くことも簡単ではないだろう。まして恋愛・結婚なんて無理でしょ……と、「できない（マイナス）」部分に着目しすぎると、もう悲観のオンパレードで、心がどんどん苦しくなっていきます。

ところが、視点を変えることで、障害がマイナスではなく、むしろ障害があるから「できる（プラス）」ことがあるんだ！というマインドにしてくれた人たちがいます。

私の障害に対する固定観念を
アップデートさせてくれたヒト・モノ・コト

#001

上原大祐さん

Daisuke Uehara

『ワガママが価値になること』を教えてくれたヒト

バンクーバー2010パラリンピックのパラアイスホッケー旧日本代表銀メダリストで、認定NPO法人D-SHiPS32（ディーシップスミニ）理事長の上原大祐さん（以下、だいちゃん）。

だいちゃんは、脊髄が背骨で覆われない状態になってしまっている「二分脊椎症」で車椅子ユーザーです。

だいちゃんとは共通の友人の紹介で出逢い、すぐに「障害がある子の人生をもっと豊かにしよう！」と意気投合しました。

彼は、障害があるという理由では全く妥協しないバリアフリーの開拓者です。

「車椅子だからできない」と断られることには「なんでできないの?!」としっかりツッコミ、必ず「どうしたらできるのか」という代案を伝えます。

「車椅子だから無理、できない」と言われてしまう勝手な決めつけをなくすために声を上げて、平等な環境を創るための行動を取り、然るべきところで主張し続けているのです。

例えば、「車椅子ユーザーはタイヤ跡がつくから」という理由で体育館を使わせてもらえないという現状を改善するために、NPOで働きかけたり。車椅子ごと乗れるタクシーのデザインに不便を見付けると、国土交通省と車のメーカーに直談判して改善を実現したり。時には、車椅子で滝行ができるように、石川県中能登町と協働し、バリアフリー滝行を実現させたり。

日常で出くわす課題に、動いた方がいいと思われることには全て即座に首を突っ込み、次々に攻略しています。

だいちゃんが動き続ける理由は至ってシンプルです。

「俺が障害当事者として嫌な思いをたくさんしてきたから。そんなものは次世代に残したくない。自分が感じた課題を解決することで、次世代もハッピーになり、結果自分もハッピーになる」

一見、「これってワガママなんじゃないか」と躊躇してしまいがちなことも、「改善されたら、自分以外の人もハッピーになるはず！」という視点に置き換えて行動に起こしていくことの大切さを彼から学びました。

また、だいちゃんのお母さん、鈴子さんに彼の幼少期について聞いたことがあるのですが、だいちゃんが「やりたい！」と興味関心を持ったことに対して、常に「どうしたらできるか」という視点で全力サポートしていたそうです。「言っても聞かないから」ともおっしゃっていましたが（笑）。

だいちゃんの「ワガママを価値に変える」原動力は、親ができないと決め付けず、なんでも挑戦させてきた経験が糧になっているのかもしれません。

■D-SHiPS32 WEB

https://d-ships32.com/

私の障害に対する固定観念を
アップデートさせてくれたヒト・モノ・コト

#002

澤田智洋さん

Tomohiro Sawada

『障害がアドバンテージ（強み）になること』を教えてくれたヒト

「スポーツ弱者を、世界からなくす」ことをコンセプトに、誰でも楽しめる新しいスポーツジャンルを創り出すことを追求している「世界ゆるスポーツ協会」代表の澤田智洋さん（以下、ともくん）。

ともくんの長男は、視覚障害（全盲）があります。

ともくんとは、2015年にとあるウェブ媒体で、「障害」をテーマにした対談企画を、だいちゃん、ともくん、私の3人でやった際に出逢いました。対談内で「社会側の障害をポップに攻略していきたいね！」と話したことを本気で実現させるために、一般社団法人障害攻略課を一緒に立ち上げました。

ともくんは、障害をアドバンテージ（強み）にする天才です。

彼が立ち上げた「世界ゆるスポーツ協会」には、競技が120種類以上あり、どれもスポーツを苦手とする「スポーツ弱者」を起点にデザインされたものです。

例えば、肢体不自由のだいちゃんを起点にデザインした競技「イモムシラグビー」は、普段、自宅で両腕を使い床を這いながら移動することがあるだいちゃん独特の特性からヒントを得た競技です。全員がイモムシのコスチュームを着用して、両腕のみを使用しながら床を這いつくばったりゴロゴロしたりしながら移動して、ラグビーをします。

普段、2足歩行で生活をしている人には慣れない動きなので大変ですが、だいちゃんは日常でやっている動作なので、とても活躍できるスポーツになります。

その他の競技も、子どもが大人やアスリートに勝利するなど、一般的なスポーツだとあり得ないことが起こってしまうのがゆるスポーツの醍醐味です。

また、ともくんの職業はコピーライターなのですが、彼がこの世に生み出した作品で私が大好きな言葉があります。

「見えない。そんだけ。」

２０１４年に開催されたブラインドサッカー世界選手権の広告に起用されたものです。事実のみを見る。バイアスなしのシンプルな表現がたまりません。

「あなたが生まれなければ、この世に生まれなかったものがある。」

２０１０年にアミューズメントメディア総合学院の広告に起用されたものです。この言葉を目にする度、私の中では勝手にこのように変換されています。

「マコが障害を持って生まれなければ、この世に生まれなかったものがある。」

実は、障害を起点にデザインされたものは世の中にたくさんあります。

例えば、ライターは片腕の方でも火を起こせるように、曲がるストローは手を使わなくても飲み物が飲めるように、カーディガンは両腕が使えない方がすぐに暖を取れるように、開発されたと言われています（諸説あり）。ライター、ストロー、カーディガン、どれも今では一般的な商品として生活の一部に馴染んでいますよね。

他にも、障害がある方を起点にデザインしたものが、障害がない方にとっても使いやすいデザインになっているモノが世の中にはたくさんあります。

常におもしろがる視点を持つことで、社会側の障害をユニークに攻略していけるということを身をもって知ることができたのは、ともくんのおかげです。

今の凝り固まった固定観念をゆるめたい方は、ぜひともくんの著書を読んで、彼のユニークな視点でヒト・モノ・コトを見るマインドをインストールしてみてください。

■澤田智洋くんの著書

『マイノリティデザイン - 弱さを生かせる社会をつくろう』（ライツ社）

https://amzn.asia/d/7WM5fkg

『ガチガチの世界をゆるめる』（百万年書房）

https://amzn.asia/d/h4UuhTR

■障害攻略課 WEB

http://shogai-koryaku.com

■世界ゆるスポーツ協会 WEB

https://yurusports.com/

#003

刀根実幸さん

Mami Tone

『疾患・障害などのカテゴリーで人を決め付けちゃいけないこと』を教えてくれたヒト

マコと同じ疾患、福山型先天性筋ジストロフィーの先輩、**実幸さん**（以下、まみさん）。

「マコは恋愛・結婚・出産とは無縁の人生なんだろうな」

マコに重度の障害があるとわかったとき、私は障害がある彼女の人生を思い、勝手に落ち込みました。

こんな私の偏見を取り去ってくれたのが、まみさんです。

出逢いは2016年の夏。マコと出演した全国放映のテレビ番組を見たまみさんが、「お友達になってください」とSNSでメッセージをくれたのがきっかけでした。

まず、娘と同じ疾患でこんなにもコミュニケーションがとれる方がいることにビックリしました。さらにやりとりを深めていくと、まみさんが結婚していることが判明しました。

「結婚?! ということは恋愛もしてるってこと?!」

まさか娘と同じ疾患で結婚している方がいるとは思ってもいなかったので、まみさんにはとても失礼ですが、トンカチで頭を殴られたかと思うくらいの衝撃を受けました。

その後、２０１８年には、まみさんは妊娠・出産をしました。

恐らく福山型先天性筋ジストロフィーの疾患がある方の出産は、日本で初めてのケースなのではないかと思います。

「まみさんに逢いたい!」と想いをますます募らせ、ついに２０１９年１月、まみさんのご自宅がある大分県まで逢いにいきました。

幼少期から恋バナまで根掘り葉掘り伺い、ご家族で幸せな生活をしているのを目の当たりにした私は、「障害があるとできない」と勝手に決め付けていた私の中の偏見に気が付きました。

そして、恋愛・結婚・出産は障害の有無に全く関係なく、個人の自由で、私がしてきた経験を娘にそのまま期待することはとても浅はかな考えだと反省しました。

まみさんとの出逢いを通して、私の人生の経験とマコの人生を照らし合わせることをやめることを決意しました。また、私が思う幸せを、押し付けたり、決め付けたりすることを手放すことにしました。


まみさんに限らず、車椅子で世界一周した三代達也くん、全盲で旅カメラマンをしている大平啓朗くん、オリィ研究所代表秘書兼広報として「寝たきり秘書」をしていた番田雄太さん、遠位型ミオパチーの疾患があり電動車椅子ユーザーでバリアフリーな世の中を創るために一般社団法人WheeLog!を立ち上げて国内外で活躍している織田友理子さん……などなど、たくさんの「やりたいこと、成し遂げたいこと」に真っすぐな魅力的な人たちに出逢う度に、マコの人生を心から応援しようと思うのです。

それと同時に、私自身も、「できない」と決め付けず、「どうしたらできるか」という問いを持ち続けられる人でありたいと思うのです。

私の障害に対する固定観念をアップデートさせてくれたヒト・モノ・コト

#004

マコと保育園の子どもたち

Mako & her friends

『目の前の事実だけを見ることの大切さ』を教えてくれたヒト

「障害があると、世の中から差別されたり理不尽な目に遭ったりするのかな……」

マコの障害がわかってすぐの頃、漠然とした不安を抱えていた私ですが、娘の成長と共に、見知らぬ方から「かわいそう」と声をかけられたり、公立の幼稚園には「施設がバリアフリーではないので」などの理由で、立て続けに入園を断られたり、障害に対する「偏見・差別」を経験するようになりました。

最初は私自身がショックを受けてしまいうまく対応できず、「あのときどう対応すればよかったのか」とぐるぐる悩んだり、「障害があるだけでこんな理不尽な思いをしなきゃならないなんて!」と怒りと悲しみに打ちのめされる日々でした。

しかし、あるとき、マコの行動・態度を通して、衝撃的なことに気が付いたのです。

マコが3歳の頃、自分で操作できる小さな車椅子を手に入れたときのことです。行きたい方向にぐんぐん進み、意気揚々と動き回るマコを目の当たりにし、「マコは歩けなくても、移動する手段があれば自由だ！　車椅子はマコの足だ！」と思ったと同時に、車椅子を手に入れる前は「歩けないから不自由でかわいそうだ」と思っていたことに気が付きました。

「歩けなくてかわいそうだ」という偏見の目でマコを見ていたのは、他の誰でもない私自身だったのです。

私の中にある偏見・差別に気が付いた瞬間です。

マコ自身は、自分のことを「歩けなくてかわいそう」と卑下する様子は一切ありません。むしろ「2足歩行できないから他の手段で移動したい」と冷静に事実を受け入れ、攻略法を切実に待っていたのかもしれません。

それからというもの、保育園の友達に「マコちゃんはなんで歩かないの?」と質問されることがあっても、「足の筋力が弱くて歩かないけれど、車椅子があれば行きたいところに行けるんだよ」と、堂々と事実だけを伝えることができるようになりました。

それを聞いた子どもたちは、「ふ〜ん、そうなんだ!」とあっさり理解してくれて、それ以降マコの歩行について質問されることはなくなりました。

子どもたちの無色透明な物事を見る目とすんなり受け入れる心に感動すら覚えました。

子どもたちが、私の中に偏見や差別の考えがあることを気付かせてくれたのです。

そのことに気が付くことができた今は、シンプルに「物事の事実」だけを見るようにしています。

病気がある、障害がある、腕があがらない、噛む力が弱い……などの事実を見た上で、次に本人がその事実をどうとらえているかに着目するのです。

本人が事実に対して落ち込んでいる様子なら、その気持ちに寄り添います。

なんとかしたいと思っている様子なら、一緒に環境改善をします。

マコの身体機能の低下が進行する中で必要以上に私が落ち込むことがないのは、こういったことを意識しているからだと思います。

COLUMN:02

子どもから見た『福山型筋ジストロフィー』の解釈

長女はマコの病気に対してユニークな視点を持っています。

長女が小学1年生の頃、筋ジストロフィーの疾患がある方の人生について書かれた本を読み、感想文に「筋ジストロフィーは、キン（金）とトロフィーが入っていて豪華です」と書いていました（笑）。

また小学3年生の頃、とあるテレビ番組にマコが主役で出演した際、ラッキーなことに長女の大ファンであるアイドルに逢えるという機会がありました。

その直後に長女が放った一言が、

「福山型筋ジストロフィーは、福とキン（金）とトロフィーがついてるから最強だね！」

マコと一緒に生きている中で、ポジティブな側面、ラッキーな出来事があると感じているからこその発想だと思い、なんだかうれしくなりました。

YES!

「障害がある子どもの親が安心して死ねる世の中は創れる」と希望を持たせてくれたヒト・モノ・コト

「私は人間を産んだ。障害児を産んだんじゃない」

私を通してこの世に生を受けたふたりの娘たちと共に生きている、とつくづく思います。

そして、娘のマコに障害があるのではなく、「社会側に障害がある」ということを、生活の中でひしひしと感じるのです。


困ったことがある状態のことを「障害がある」とするなら、困らない状態にすれば「障害がない」ことになりますよね。

例えば、10センチくらいの段差があるとマコの電動車椅子では乗り越えられないので前に進めませんが、スロープを取り付ける、もしくは段差を乗り越えられる電動車椅子を開発すれば、段差は障害ではなくなります。

マコは発語が少なく、発音も不明瞭なので慣れない人とはコミュニケーションが難しいこともありますが、脳内で考えていることを言葉にして出力する機器が開発されれば、発語や発音が原因で起きる障害は解決できます。

ちなみに今挙げた「こんなのあったらいいな」というアイデアをカタチにする技術は、全て既に世の中に発表されており、私たちの生活に普及するのは時間の問題かもしれません。


メガネやコンタクトレンズがある現在、日本におけるメガネ使用率は7割以上で当たり前の生活用具になっており、視力が弱くてメガネをかけていても障害者と呼ばれません。

しかし、もし、この世からメガネやコンタクトレンズ、レーシックなどの技術がなくなったら、視覚障害者が7割以上増えることになります。

昔から人間は、技術やテクノロジーを活用して障害そのものを攻略してきているのですね。

「障害がある子どもの親が安心して死ねる世の中は創れる」
と希望を持たせてくれたヒト・モノ・コト

#001

吉藤オリィさん & 番田雄太さん
OriHime

Ory Yoshifuji & Yuta Banda

『テクノロジーで障害を攻略できる』と教えてくれたヒト・モノ

「障害とはテクノロジーの敗北である」

これは、オリィ研究所の吉藤オリィさん（以下、オリィさん）の言葉です。

テクノロジーで不可能だったことを可能にする時代を、私たちは生きているんだと感じ、この言葉にものすごく希望を抱きました。

テクノロジー×障害で、働き方改革を起こした発明を紹介します。

オリィさんが今まで世にリリースした開発の中に、分身ロボットOriHime（オリヒメ）があります。OriHimeは人工知能ではありません。カメラ・マイク・スピーカーが搭載されていてインターネットを通じて、人が遠隔で操作するロボットです。

OriHimeを置いた場所から周囲を見渡したり、聞こえてくる会話に首や腕を動かしてリアクションをしたりするなど、あたかも「その人がその場にいる」ようなコミュニケーションができるものです。

以下、オリィ研究所のホームページから引用します。

OriHimeは分身です。

子育てや単身赴任、入院など距離や身体的問題によって行きたいところに行けない人のもう一つの身体、それが「OriHime」です。

「誰かの役に立つことをあきらめない」
「寝たきりで声を失っても会話できる」
「今の自分に合った働き方ができる」

OriHimeは、距離も障害も昨日までの常識も乗り越えるための分身ロボットです。

OriHimeが誕生したことで、身体障害があるなど外出困難な方が、自宅で操作をして、遠く離れたカフェで分身ロボットが接客をするという働き方が可能になりました。OriHimeを操作する人を、OriHimeパイロットと呼びます。

また、外出困難者にとって「出逢いと発見がない」現状の課題を解消するためのアイデアのひとつとして、2021年に「分身ロボットカフェDAWN ver.β」がオープンしました。

分身ロボットOriHimeが各テーブルで接客をして、大型の分身ロボットOriHime-Dがドリンクのサーブをしています。

障害児者の親御さんもまた、なかなか家から出られず働くことが難しいケースがありますが、OriHimeパイロットという職種が登場したことで新しい働き方の選択肢ができました。

自宅でカフェの接客の仕事ができるなど、今まで不可能とされていたことがテクノロジーによって可能になっていくプロセスを目の当たりにすると、近い将来、本当に「障害」という概念自体がなくなるのではないかという希望が湧いてきます。

オリィさんが開発を進める中で、大きな影響を及ぼした方がいます。オリィさんの親友、番田雄太さんです。番田さんは4歳のときに交通事故に遭い、寝たきりの状態になりました。出逢いの機会がほとんどない人生の中、オリィさんの事業を知り、感動して「Facebookで連絡を取り、その後オリィさんの遠隔秘書として一緒に働くことになりました。また、番田さんとオリィさんは分身ロボットカフェやOriHime開発のためのアイデアを出し合ってきました。

2016年、私が番田さんにお逢いした際、「マコちゃんが大きくなる頃には、もっと自由に生きる選択肢が増えているようにしましょう!」と声をかけてくれたことがとても印象に残っています。マコが寝たきりになっても、OriHimeがあることで出逢いや行動の幅を狭めることなく生きていくことが可能な世の中なのだと思うと、希望しかありません。

残念ながら、番田さんは2017年に他界されましたが、オリィさんや研究所のみなさんが遺志を受け継ぎ、事業はますますパワーアップしています。

体温を感じ、人間味溢れるOriHimeの活躍を引き続き楽しみにしています。

■オリィ研究所

https://orylab.com/

■オリィさんの著書

『「孤独」は消せる』（サンマーク出版）

https://amzn.asia/d/hJRuxod

「障害がある子どもの親が安心して死ねる世の中は創れる」
と希望を持たせてくれたヒト・モノ・コト

#002

岡勇樹さん

Yuki Oka

『かっこいい福祉』を魅せ続けてくれるヒト

岡勇樹さん（以下、岡くん）との出逢いは、マコが2歳くらいの頃。

身体障害者手帳や福祉ツールのデザインを目にしたときから、「福祉周りのデザインって、なぜこうもダサいのだろう」と福祉業界に萎えていた私は、「福祉界隈でおもしろい、かっこいいことをやっている人いないかな〜」と探していました。

たまたまランチをした友達にボヤいたところ、「それなら、Ubdobe（ウブドベ）の岡くんに逢ってみるといいよ！」と紹介してもらい、雪がチラつく寒い日に表参道のカフェでワクワクしながら逢いました。

その日を境に、岡くんと私は妙にバイブスが合う友達になり、彼のクラブイベントにマコとふたりをゲストで呼んでもらうなど親子で交流を深めていきました。

彼は29歳のとき、医療福祉エンターテインメントを謳うNPO法人

Ubdobeを立ち上げました。Ubdobe が発信するイベントのコンテンツ、デザインは今までの福祉イベントのイメージを覆すかっこよさなのです。

私が福祉にデザイン性を求めるのは、福祉は日常の一部だからです。

身の回りのもの、人生で体験すること、目にするモノのデザインを大切にしたいのです。

岡くんは、現状かけ離れていると思われがちな福祉と日常の素材をうまく融合させて、福祉をヒトゴトからジブンゴトにするきっかけ創りの天才です。

福祉×音楽、福祉×アート、福祉×テクノロジーなど、人々の暮らしにあるものを融合させるイベントやサービスを創り続けています。

例えば、福祉×音楽。福祉要素を盛り込んだエンターテインメントを展開するクラブイベント「SOCiAL FUNK!」は、音楽が好きな若者がアーティストのライブを楽しみながらうっかり福祉の情報を持ち帰って、ふと日常の中で障害・病気・福祉について考える、そんなきっかけを創ります。

マコが4歳の頃、「SOCiAL FUNK! 2014」にトークゲストとして呼んでもらいました。アーティストの音楽を楽しみつつMCのトークを挟み、流れでゲストと福祉に関するクロストークをするのですが、私とマコがゲスト出演した回のトークテーマは「寿命〇年と言われる娘を育てるということ」。文字だけ見ると重たいテーマですが、場所がクラブでポップな雰囲気なのと、岡くんのカジュアルなMCのおかげで真剣な内容も重たくならずに伝えられるな〜と感じました。私がハーフパンツに麦わら帽子という装いでマコを抱っこして登場したことも、きっとライトな雰囲気創りに一役買ったのではないかと思います。

場の雰囲気や音など環境やデザインがネガティブなバイアスを取り払う効果があるということを、このイベントを通して学びました。

岡くんの行動の起点は、いつも目の前の人。

目の前の人が抱える「こうだったらいいのに」という不和をキャッチすると、即座に脳内でいい感じの世界を創造して、「よし、やろう！」と現実世界でカタチにする行動を取ります。これを、「未来の巻き戻し」と呼んでいます。

私は、頭の中の構想を現実の世界で創造していく過程を岡くんから学んでいます。「脳内で描けたことは現実世界でカタチにできる」という実証を、岡くんは体現し続けてくれています。そして、岡くんの創造の過程にはいつも仲間たちの存在がいます。

障害・福祉に関心がない方の人生の「好きや興味」と紐付けて「福祉」を登場させることは、共生社会を実現するのに必要なことだと感じています。

これからも岡くんと一緒に「未来の巻き戻し」をしていくのが楽しみです！

NPO法人 Ubdobe

https://ubdobe.jp/

「障害がある子どもの親が安心して死ねる世の中は創れる」
と希望を持たせてくれたヒト・モノ・コト

#003

鹿内幸四朗さん

障害のある子が「親なき後」も幸せに暮らせる本

Koshiro Shikanai

『変えることができるものを変える勇気』をくれたヒト・モノ

「私たち親が死んだら、マコはどうなってしまうのだろう」

親なき後のことは、きっと障害がある子どもを持つ親が常に持ち続ける心配事のナンバーワンではないでしょうか。

漠然とした不安を見て見ぬふりをして過ごしていた私は、2020年、1冊の本に出逢いました。

『障害のある子が「親なき後」も幸せに暮らせる本』（大和出版）

タイトルに惹かれて、即購入。あまりの読みやすさに一気読みしました。

著者である鹿内さんは、税理士を中心とする相続や遺言の専門家集団

「一般社団法人 日本相続知財センター本部」の全体統括をされています。

現状の成年後見制度は、高齢者が認知症になったときのことを中心に想定して作られており、知的障害がある子が、判断能力がないと見なされると、認知症の高齢者と同じ基準で、財産管理などが第三者になってしまう可能性があります。

ダウン症の娘さんの将来を考えたとき、親のイメージ通りの生活ができなくなることが予想されたので、「親心後見」(親権を使った任意後見契約)という方法を考え、日本で初めて自ら実践されました。

「親心後見」とは、障害のある子が成人を迎え親が親権を失う前に、親が自らを任意後見人とする任意後見契約を公正証書で結び、後見が必要になったタイミングでその後見契約を発動させ、親のイメージ通り、その子にとって一番良い財産管理などの仕方を継続していくための公正証書を使った方法です。

私は、鹿内さんの提唱する「親心後見」について、また、親なき後のお金の話について、障害のある子どもの親御さんに知ってほしいと思い、SNSを通して鹿内さんにDMを送りました。そして、オンラインセミナー開催をお願いしたところ、ご快諾いただき、2020年12月に開催。

その後、会話を重ねる中で、鹿内さんもラインホールド・ニーバーの祈りの言葉(P90参照)を大切にしていると知りました。

「既存の制度や法律なんて変えられるわけがない」とあきらめずに、時代や現状に合わないものは改善策を考えて実行するというシンプルな発想に加え、「愛する子どもの人生を守るために親としてできることは何か」という親心を交えて開発したのが「親心後見」です。

法に立ち向かうなど、並々ならぬ労力を必要とする変革を行っている鹿内さんは、まさに「変えることができるものを変える勇気」を、身をもって教えてくれています。

「いつかはちゃんと親なき後の準備をしないと……」と漠然とした不安を抱えつつ、つい後回しにしていましたが、鹿内さんに出逢い、今やっておいた方がいいことやこの時期までにやるべきことなどの見通しが立ったことで不安が軽減しました。

親心後見人について興味がある方は、ぜひ鹿内さんの著書をご覧ください。

専門用語が一切なく、とても読みやすい本です。

■鹿内幸四朗さんの著書

『障害のある子が「親なき後」も幸せに暮らせる本
～ダウン症の娘をもつ「相続のプロ」が明かす財産管理のしくみ』（大和出版）

https://amzn.asia/d/fGbmvoV

障害がある子の親が明るく軽やかに生きていいんだと後押ししてくれたヒト・モノ・コト

「障害児を育てているようには見えない!」


オシャレをしたり、元気に明るく生きていたりすると、周りからこのような声掛けをいただくことがあります。褒められているのか、なんなのか、正直、複雑な気持ちになります(笑)。

これって、「障害がある子を育てている親って、オシャレできない、疲れて生きている」などという偏見が根底にあると思うのです。


かく言う私も、自分が障害がある子の親になるまでは「障害がある子の親って、とにかく大変そう」という悲壮感たっぷりのイメージを持っていました。

だからこそ、その偏見をちゃぶ台返ししてくれた方々との出逢いは有難いのです。

私が「明るく生きていっていいんだ!」と確信を持てたのは、明るく軽やかに生きるロールモデルのみなさんのおかげです!

障害がある子の親が明るく軽やかに生きていいんだと
後押ししてくれたヒト・モノ・コト

#001

奥山佳恵さん

Yoshie Okuyama

『地域や世の中に子どもを知ってもらう大切さ』を教えてくれたヒト

タレントの奥山佳恵さん（以下、佳恵ちゃん）の次男、美良生くん（以下、みらいくん）はダウン症候群（21トリソミー）の疾患があります。

佳恵ちゃんとの出逢いは2014年11月。

マコのドキュメンタリー映画『えがおのローソク』が完成して、上映会&トークライブの企画の話がありました。主催者に「対談したい方はいらっしゃいますか？」と聞かれて、「奥山佳恵さん！　ダウン症のお子さんとの生活を普通に明るく発信している姿に共感と親しみの嵐だから、対談したいです！」と即答したことから対談が実現しました。

佳恵ちゃんはとにかく明るくて、話していると気持ちが晴れて生きる活力が湧いてきます。何よりも彼女の温かい人間味とユーモアが大好きです。

息子さんのみらいくんは、支援学級・特別支援学校ではなく、地域の小学校の普通級に6年間通いました。理由は、住んでいる地域に「みらいくんを知ってもらおうキャンペーン」をするためでした。

「最初から普通級にしようと思っていたの?」と佳恵ちゃんに聞いたところ、「就学前の相談の際、支援学級か支援学校の二択しか提示されず、モヤモヤしていた」とのこと。そんなときに背中を押してくれた方々がいたそうです。

重度身体障害や人工呼吸器・胃ろうなどの医療的ケアが必要な友人の海老原宏美さんに、「能力で人をジャッジしないで、育ち合える子どもたちを信じて。わかり合うために、同じ場所で過ごして。就学先は、自分たちで選ぶことができるんだよ」という言葉をもらい、さらに、たまたま悩んでいた時期に、テレビ番組で知り合った中央大学教授の池田賢市先生が放った言葉が普通級への進学を決める決定打となったと言います。

「能力がある、とはどういうことか? 能力とは個人のもの? 個人の努力で上下する? NO! 他人からの要求にうまく応じられたとき、能力があると言われる。つまり、能力とは相性である。その相性は、多様性の中で形成される。多様な関係の中で人は生きていく。多様な関係の中でしか生きていけない。自立とは依存できる関係をたくさんつくり上げること！　そもそもひとりでなんでもできる人なんていない！　多様な関係がつくられるのは普通学校・学級しかない！」

海老原さんや池田先生などの先生方に勇気付けられた佳恵ちゃん夫婦は、みらいくんが地域の中で生きていくために、普通学校の普通級を選択。「みらいくんを知ってもらおうキャンペーン」を繰り広げることにしました。

佳恵ちゃんから話を聞く中で、周りと一緒に物事を進めて行く際にとても大切なのは、制度上教育を受ける権利があるからといって、決して、踏ん反り返って偉そうに権利を主張しないこと、そして、まず始めてみて困り事があったらひとつひとつ解決していくという思考と行動力だと思いました。

結果、普通級で過ごしたみらいくんの周りにはいつもたくさんの友達がいて、放課後も自宅に遊びにきてワイワイ楽しく過ごす小学生ライフを送りました。

みらいくんの生きる力、育ち合える子どもの人間力、そして、その環境を一緒に創った大人たちに拍手！

佳恵ちゃんが、みらいくんとの等身大の日常の様子をユーモアを交えて世に発信している姿に、「人は知らないことに対して恐怖を感じ、必要以上に大変、かわいそうなどといった憶測を働かせてしまう。楽しいことは楽しいとシンプルに発信すること、ユーモアを交え心のタッチポイントを重ねていくことで、今まで知らなかった方たちの恐怖や憶測を払拭できるかもしれない！」とポジティブマインドをもらっています。

佳恵ちゃんのＳＮＳやアメブロで、みらいくんの小学生時代のクスっと微笑ましい日常を垣間見ることができるのでぜひ覗いてみてください。

■奥山佳恵さんブログ
https://ameblo.jp/okuyama-yoshie/

■著書『生きてるだけで１００点満点！』（ワニブックス）
https://amzn.asia/d/7R5iii1

障害がある子の親が明るく軽やかに生きていいんだと
後押ししてくれたヒト・モノ・コト

#002

河野有希さん

Yuki Kono

『子どもが医療的ケアMAXでも軽やかに生きられること』を教えてくれたヒト

河野有希さん（以下、有希ちゃん）の長男凌大くん（以下、りょうたくん）はメビウス症候群の疾患があります。呼吸障害と身体障害など、いわゆる重症心身障害児と言われる子どもで、医療的ケアは呼吸器、酸素、胃ろうなどがあります。

現状、言葉でのコミュニケーションはありませんが、心拍や呼吸を止めて機械のアラームを鳴らすことでコミュニケーションを取っています。マコと同じ学校の同級生です。

入学式で初めてりょうたくんに出逢ったとき、車椅子バギーに医療的ケアで使用する機器がガッチリ搭載されていて、「家から学校に来るのも一苦労だろうな」と、外出するときの大変さに想いを馳せました。

マコも近い将来、りょうたくんのような医療的ケアが必要になる予定なので、どうやって生活しているのか関心がありました。何より、「大変そう」というイメージしかない私のイメージを覆すほど、軽やかな雰囲気をまとう有希ちゃんに興味津々でした。

入学早々にLINEを交換して、新しい環境での生活が落ち着いた頃、自宅に遊びに行かせていただきました。

日々、訪問診療や看護、学校の先生などのいろんな人たちが代わる代わる訪れる有希ちゃんの家の中は、りょうたくんの妹ふたりがキャッキャッ遊ぶ声とりょうたくんの医療機器の音が自然に混在していました。

ごくごく普通の明るい雰囲気の家。デリバリーしたピザをかじりながら他愛のない会話をする中で、有希ちゃんは「自分の時間、大事！　子どもたちが小さい頃から、寝た後はパパに任せて、私は温泉施設に行ってリフレッシュしたりしてる♪」と言っていて、目が離せないりょうたくんのケアや未就学児の娘ふたりの子育ての中、「うまく自分の生活リズムを調整しているんだな〜」と感心しました。

彼女の軽やかな雰囲気は、そういうメリハリが生み出しているのかもしれません。

そんな有希ちゃんですが、りょうたくんが生まれた当初は「自分の時間を持っちゃいけない」と思い込んでいたそうです。

出産当時、職場復帰を考えていたけれど、医療的ケアがあるりょうたくんのお世話で離れられず断念。最初は医療的ケアが多すぎてパパ以外にはお世話を頼めず、家から出られない、預けられない状況になりました。また、気を遣われるのが嫌で、友達と連絡を取ることを避けていました。

そんな生活を6カ月ほど経た後、「もうなるようにしかならない！」と開き直る境地に至ったそうです。

開き直った有希ちゃんがまず取った行動は、ブログで生活の様子を発信すること。書いて発信することで気持ちの整理をしていたのだとか。

そして、相談員さんが紹介してくれた福祉サービスで使えるものを全て使えばどうにかなる！と思えるようになったそうです。

例えば、りょうたくんを短期間施設に預けるショートステイは、最初は罪悪感があったものの、いざ預けてみたら家族の生活がうまく回るようになり、以後定期的に活用するようになりました。また、ケアも医療スタッフからの指示を生真面目にやらず、自分なりにやりやすい方法を実践するなど、無理なく過ごすライフスタイルを模索したそうです。

そのうち、実母が医療的ケアをできるようになり、りょうたくんを預けることが可能になったので、念願の「自分の時間」が持てるように！

有希ちゃんは、「まだ子どもたちが小さいので限られた時間でパートをしているけど、子離れしたらもっと働きたい！」と意欲満々。また、将来的にお母さまが講師をしている書道教室の手伝いができたらと思い、育児・介護の合間をぬって練習を重ね、なんと書道師範の資格を取得しました！

他にも、「娘たちが高校生くらいになったらハワイ旅行に行きたい！　今は日々一生懸命だから大きな夢はないのだけど……孫ができたらお世話をしたい！」とにこやかに話してくれました。

例え医療的ケアを必要とする孫が生まれてもバッチコイ状態の有希ちゃん、最強のおばあちゃんになること間違いなしですね。

有希ちゃんは、「もともと共働きをしながら子育てをする選択肢しかなかったから、今こうして子どもたちと密に毎日を過ごせているのはりょうたのおかげだと思ってる」と言います。

私は有希ちゃんと出逢う前は、「マコに医療的ケアが増えたら大変だ……」と漠然とした不安を抱えて心が萎えていましたが、有希ちゃんに出逢えたことで、「医療的ケアがたくさんあっても、なんとかなりそうだ!」と軽やかな気持ちになり、将来を悲観することが激減しました。

「なんとかなるさ♪」の精神で軽やかに生きる先輩との出逢いは大切です。

私の障害に対する固定観念を
アップデートさせてくれたヒト・モノ・コト

#003

原村綾さん

Aya Haramura

『重度障害がある子どもの親こそ自身を愛でる大切さ』を教えてくれたヒト

病児・障害児用のウェアブランド「medel me®（メデルミー）」代表・原村綾さん（以下、綾ちゃん）の長男 奨くん（以下、しょうくん）には、難病のてんかん「大田原症候群」の疾患があります。

生後2カ月で左脳を切り離す大手術が行われ、手術は成功しましたが右半身は麻痺。寝たきりで言葉でのコミュニケーションはありません。

小学校は、地域の一般小学校の支援級に通っています。

私の周りにいる「重度障害がある子の親で、軽やかに生きる人」と言えばまず思い出すのが、綾ちゃんです。彼女との出逢いは2020年、共通の友達を通して知り合いました。

綾ちゃんは「こうでなければならない」「こういう自分でなければなら

ない」などという思考を手放し、実に軽やかに生きています。

でも、しょうくんの病気・障害がわかった当初は、全く違ったと言います。

「障害や病気を受け入れたフリをしていた。受け入れないと最低な母親。でも受け入れられない。受け入れるフリを続ける中で、心と身体が乖離して、軽い鬱になった。

子どもが生まれてから1年半くらい、ずっと苦しかった。私の人生終わった、好きなことできないと思って、笑えない、楽しめない、悲しめない、泣けない日々。泣いたら負けだと思ってた。

無理してポジティブにすることに対して虚無感が拭えなくて、そのうち本音を隠して生きるのに疲れたし飽きてきたんだよね。そこで、思いっきり一旦ネガティブを吐き出したの。

『息子が障害児なんて最悪。産まなきゃよかった。人生終わった』

そんなの普通は親として絶対思っちゃダメじゃん？　でも、私の場合は、それをちゃんと出してから、自分がどう生きたいかちゃんと向き合えるようになったと思うな」

最初から軽やかな心情を持っていた訳ではなく、むしろガチガチな思考の中、苦しむ経験を経て、ちゃんと吐き出していたのです。
そんな綾ちゃんの転機になった出来事がありました。

「子どもが1歳半のとき、着替えで麻痺している右半身が下着に引っ掛かって、『何してるんだろう、私だけなんでこんな必死なんだろう』って初めて涙が出てきたの。
自分のことを置き去りにして、子どものことに必死で、泣くこともできず、自分の心を無視していたことに初めて気が付いて。まず自分のことを大事にしなきゃいけないと思ったんだよね」

この経験を機に、「着替えひとつで大変な思いをしているのは、私だけじゃないはず!」と、20代にアパレル関係の仕事をしていた経験を活かして、病児・障害児のウェアブランドを立ち上げることにしたのです。

ブランド名は「medel me®(メデルミー)」。
自分を愛する「愛でる」という意味が込められています。
ブランドロゴは、パイナップル。パイナップルの花言葉は「完全無欠」。

綾ちゃんはこの花言葉を「あなたは完璧だから、そのままでいい」ととらえています。

「障害があるというのは、何か欠けている、何か物足りないとか思いがちだと思うの。例えばうちの子だったら右手が動かない、座れないというのも、人と比べて〝ない〟ととらえられがちなんだけれど、そうじゃない。その状態で完全体。子どももそうだし、親もそう」

medel me
障がいを持ったこどもとママに寄り添う、
ストレスフリーなキッズ服

綾ちゃんは、自分がお守りにしているメッセージを、病気や障害がある子どもとその親にも贈りたいと考え、ブランド名に込めたと言います。

「着心地がよいなど、子どものことを考えるのは大前提だけれど、それ以上に毎日ケアをする親がキュンとするデザインやストレスフリーな素材であることはもっと重要。

もしも、お母さんが必死に無理して我慢して生きて、それが自分のためだと子どもが知ったら、どう感じるか。自分が子どもだったらめっちゃ嫌だ。だから、親が自分の人生を歩むというのは、一番の愛情表現なのではないかと思う」

また、綾ちゃんがひとりでがんばることを手放すことができた理由として、「シングルだから」と言っています。

「私以外に家族がいないから、全部をひとりでやらなきゃいけない状況。だから、限界がくるのが早かったんだよね。こんなかわいそうな自分イヤだー!!! って比較的早い段階で降参できたのは、シングル、近くに親族がいない、気軽に頼れる場所がない、といった条件があったから。逆に早めに気付くきっかけをつくれてラッキーだったと思う（笑）。その気付きがあって、周りに頼ることを意識的にするようにがんばったよ！」

綾ちゃんと話している中で出てきた、軽やかに生きるために必要なキーワードは、「手放す」、そして「愛でる」。

「軽やかに生きたい！」と思った方はぜひ、これらのキーワードをお守りにしてみてください。

■『medel me』

障がいを持ったこどもとママに寄り添う、ストレスフリーなキッズ服

http://medelme.com/

自分のこと愛でてる?

過去に自分を置き去りにして子どものケアで必死だった頃の私が、「自分のことを愛でる」ためのリハビリで実践していたことをお伝えします。

「自分のことを愛でるって何をすればいいの?」という方の参考になれば幸いです。

まずは、「尿意に素直になる」ということ。

「トイレに行きたい!」と思ったら、すぐに行く。

たったこれだけのことなのですが、自分のやりたいことに素直になって叶える練習のスモールステップとして有効なリハビリです。

子育て中、自分のことを後回しにしているときは、自分の尿意すら後回しにするようになり、そのうちいろんなことを我慢するのが癖になってしまいます。末期になると「自分は何が好きだったかわからない」という状態になりかねません。

思い当たる方は、今すぐできる、小さなことから自分のサインをしっかりキャッチして、「やりたい」をすぐに叶えてみてください。それが、「自分のことを愛でる」ということです。

「シャンパンタワーの法則」を聞いたことはありますか？

シャンパンタワーは、シャンパングラスをピラミッドのように積み重ねて、上からシャンパンを注ぐエンターテインメントです。

頂上のグラスを自分、下の段を家族や友達に例えます。

自分のグラスのシャンパンがいっぱいにならないと、下の段にシャンパンは注がれません。人を満たす前に自分を満たす。これをシャンパンタワーに例えた法則です。

育児をしていたり、障害がある子のケアをしていたりすると、ついつい自分のことは後回しになってしまいませんか？　自分の時間を十分につくることが物理的に難しい方も、自分を満たすことを日頃から積み重ねていくことはできると思います。

私が自分を満たすリハビリとして取り入れ、今も続けていることは、

・尿意に素直になる
・水分を摂る
・深呼吸をする
・ストレッチをする

といったことです。

これらは今すぐにでも簡単にできて、お金もかかりません。

「トイレ行きたい！」と頭に浮かんで実行に移すことは、自分のやりたいことを叶えたことにもなるため、それだけで心も満たされる感じがします。もちろん、トイレを我慢することは身体に悪いので心身ともに健全な状態になることは間違いなし。

また、人間の身体の70％は水分でできています。生きていくために必要な水分、酸素をしっかりと取り入れることは、自分を愛でる行為だと思います。

ストレッチをして、自分の身体の痛む箇所を知り、撫でることで自分を労わる行為になります。

マズロー心理学では、生理的欲求は人間の持つあらゆる欲求の中で、最も優先度の高い欲求であ

り、他の欲求と密接に結び付いていると言われています。

自分を愛でること、生理的欲求を満たすことで、「こんなことやりたい！」「あの人に逢いたい！」などその他の欲求に対しても、素直に意欲的に行動できるようになるのだと実感しています。
自分を信じて行動する積み重ねが、結果、自信になるのだと思います。

自分を満たすご自愛活動、ぜひやってみませんか？

As you get older, remember you have another hand: The first is to help yourself, the second is to help others.

年齢を重ねたら、もうひとつの手があることを思い出すのよ。
ひとつは自分を助ける手、もうひとつは他の人を助けるためのもの。

——オードリー・ヘプバーン

AUDREY HEPBURN

私の人生の制限を外してくれた ヒト・モノ・コト

『ノミとコップの話』をご存じでしょうか?

昆虫のノミは体長の100倍以上の高さまで跳ぶことができるジャンプ力がありますが、コップの中に入れてフタをすると、最初はフタにぶつかりながらジャンプをして、徐々にフタに当たらないようにジャンプ力を弱めていき、最終的にはコップのフタギリギリの高さまでしかジャンプしなくなります。

さらに、フタを取った後も、コップのギリギリまでの高さしか跳ばなくなります。

この「見えない枠」にとらわれてしまうノミの話を聞いたとき、まさに限界を自分で決め付けていた過去の私と同じだと感じました。

では、本来のジャンプ力を失ったノミが、もう一度コップよりも高く跳べるようにするためにはどうしたらいいと思いますか?

答えは、「高く跳べるノミをコップに入れること」です。
コップを跳び越えるノミの姿を見て、跳べなくなっていたノミも、再び本来の能力を取り戻して、跳べるようになるのだとか。

なんだか人間と同じだな~と思いませんか?

私の人生の制限を外してくれたヒト・モノ・コト

#001

山崎さち子さん

Sachiko Yamazaki

『人生をリスタートするきっかけ』をくれたヒト

マコが2歳の頃、約10年間勤めた会社を辞めることを決めた私は、新たなライフワークとして親業訓練協会のインストラクターになることを目指して、講座を受け始めました。

親業（おやぎょう）とは、米国の臨床心理学者トマス・ゴードン博士が開発したコミュニケーションプログラムです。原題は「Parent Effectiveness Training」。親としての役割を効果的に果たすためのトレーニングで、カウンセリング、学習・発達心理学、教育学など、いわゆる行動科学の研究成果を基礎にしています。

親子間のコミュニケーションに限らず、教師学、看護ふれあい学、自己実現のための人間関係講座など様々な講座があります。

受講した中でも印象的だったのは、親業訓練協会シニアインストラクターである山崎さちこさん（以下、さっちゃん先生）の講座でした。ワークショップの中にあった「自分の将来を描く時間」が、私に大きなブレイクスルーを起こしてくれたのです。

「5年後、10年後、自分は何をしてどうなっていたいか」という質問を投げかけられた私は、頭を抱えてフリーズしてしまいました。

やりたいこと、ビジョンは出てくる。けれど同時に「いや、でもマコの体調が悪くて入院とか繰返したら無理だよな……」など、マコを理由にあきらめる言い訳が次々とビジョンを消し去ってしまい、全く将来が描けなかったのです。

「マコの障害や病気を言い訳になんかしてちゃだめだ」

そう思えば思うほど苦しくなり、現実と理想の狭間の中で今にも泣き出しそうなほど心の中はぐちゃぐちゃになってしまいました。

いつまで経っても白紙のままのノートを目の前に、泣きそうになっている私を見かねたさっちゃん先生が声をかけてくれたとき、私は素直にこう打ち明けました。

「娘が進行性の難病で、どんどん障害も重くなっていくことを想像すると、私がいくらやりたいことを描いてもどうせ無理なんじゃないかって気持ちが出てきてしまい、5年後、いや、1年後すら怖くて描けない……」

すると、さっちゃん先生はこんな提案をしてくれました。

「一度、子どもがいないことにして、未来を描いてごらん」

最初、その提案を聞いた私は、「マコがこの世にいない想定をするなんて酷い！」と抵抗感と罪悪感がありました。

しかし、すぐに「ワークショップの時間も限られている、そして受講料もかかっている。よし、やるしかない！　確かに、マコがいない設定にしないと、ピュアな自分のやりたいことを描けないかも」と腹をくくり、やってみることにしました。

すると……やりたいこと、やってみたかったことが出てくる出てくる！

●親業インストラクターになって講座を開講し、全国各地で講演会をする
●親業、子育てに関する本を書く
●家族が笑顔になる木の家を建てる
●単独でフランスに行く
●家族で世界一周旅行をする

などなど。

白紙だったノートは、いつの間にか私が描く未来のビジョンで溢れていて、それを眺めた私は、なんだか自分の心の声をしっかり聴けた気がして、とても満たされた気持ちになったことを覚えています。

そして、自分のやりたいことをびっしり書いたノートを眺めながら私はこう考えていました。

「さて、現実にはマコがいる。でも、やりたいことを出し尽くしたら、マコが今後どうなるかはそこまで不安じゃなくなったぞ。

まだ起きぬ未来に対して尋常じゃない怖さを感じていたけれど、ひとまず、自分のやりたいことを進めながら、現実で問題が起きたらそのときに対処すればいっか」

ついさっきまで頭を抱えて泣きそうになっていた私とは、同一人物とは思えないほど軽やかな思考になっていました。

さっちゃん先生のナイスな提案で、マコの病気や障害を理由に自分の将来を描けず、悩み、あきらめてしまっていたことが打破できました。

やりたいこと、描くビジョン、夢などにチャレンジしようとすることを否定する人を「ドリームキラー」と言いますが、まさか、自分自身の中にドリームキラーが潜んでいたとはビックリでした。

自分の中で、「でも、だって」などの言い訳が続くときは、マイドリームキラーが忍び寄っているサインです。

「フランスに行きたいな」
「デンマークに行きたいな」
「オーロラクルーズの旅行に行きたいな」
「一般社団法人を立ち上げて、社会課題を解決したいな」

などなど、いまだに頭の中にやりたいことが浮かぶ度に、「マコが体調を崩したら行けない、できない」とマイドリームキラーが出現することがあります。

しかし、さっちゃん先生が提案してくれた「一度、子どもがいないことにして、未来を描いてごらん」という言葉を胸に、マイドリームキラーを追い出し、シンプルにやりたいことを整理して、「どうしたらできるか」に思考を全集中させることで、全て実現させています。

もし、自分の将来を描く際、子どもを言い訳にしてしまう方がいたら、私が軽やかに生きる上で大切にしている言葉のひとつ、「一度、子どもがいないことにして、未来を描いてごらん」を思い出してみてください。

■親業訓練協会

https://www.oyagyo.or.jp/

私の人生の制限を外してくれたヒト・モノ・コト

ヒト

#002

高橋歩さん

Ayumu Takahashi

『Impossibleじゃなく I'm possibleと思えるマインド』をくれたヒト

夢と冒険に生きる自由人・作家の高橋歩さんとの出逢いは、共通の友達が開催したご縁繫ぎの飲み会でした。

「歩さんは、『子ども時代に世界中の子どもたちが仲良くなることが、世界平和に繫がっていく』っていう考えから、世界中の子どもたちをひとつの船に乗せて世界一周する旅を計画しているんだよ。リアル イッツ・ア・スモールワールドを実現するイメージで」と聞いていて、「おもしろいことを考える人だな〜」と関心を持っていました。

実は、マコの病気・障害がわかった後、私のメンタルが一旦落ち着いたときに、歩さんがキャンピングカーで家族と世界一周旅行をしたエピソードが書かれた著書『FAMILY GYPSY 家族で世界一周しながら綴った旅ノート』を読み、「私も家族で世界一周旅行したいな〜」と夢見たことがありました。

ただ、すぐにマコが体調不良で入退院を繰り返すようになり、やりたいことを実現する時間が皆無の日々にすっかりやさぐれた私は、「世界一周なんて夢のまた夢、やってらんないわ！」と投げやりになり、本をブックオフに売ったのでした。そして世界一周の願望を脳内の奥底に埋葬したことを、飲み会の途中で思い出したのでした。

しかし、その飲み会で歩さん本人から現在取り組んでいる活動やいろんな刺激的なお話を聞き、「不可能だとあきらめるのも自分だったけど、現実世界で可能にしてやりたいことを叶えていくのも自分だ」とスッと腹落ちして、過去に拗ねた私が徐々に更生していく感覚を覚えたのです。

すっかり素直になった私は、勧められた歩さん主演のノンフィクション映画『DON'T STOP!』と、歩さんが想い描く世界平和実現までの構想を絵本にした『ALOHA LETTER』を帰宅後すぐに見て、めちゃくちゃ心が震え感動しました。

映画『DON'T STOP!』は、事故で下半身と左腕の自由を失った男性、通称〝CAP〟の「一度でいいから、アメリカに行って、ハーレーでR66を走りたかった」という想いを、「だったら、行くべ！」

と歩さんの勢いに便乗した仲間とCAPの家族で叶える物語です。

この映画を見て、やりたいことをあきらめるなんてナンセンスで、周りも一緒に叶えるプロセスを経験することで想像を超える景色を見ることができるって、すごい相乗効果だなと思いました。

何より歩さんや仲間たちがCAPに対して、「できないことにはもちろん手は貸すけど、それ以外は各々心地よく過ごす」というスタンスが、バリアフリーという言葉すらいらないフラットな感じがして心地いいな～と感じました。


また、絵本『ALOHA LETTER』は、「もし、世界中の子どもたちが友達になったら……?」という構想を基に、世界平和が訪れるまでの未来予想図が描かれています。

私はこの絵本のあるページを読む度に、鳥肌が立ち、思わず目を留めて、うれしくて何度も何度も読み返してしまいます。


絵本『ALOHA LETTER』から引用：

「ワールドフレンズイヤー」は、子どもにとって、夢のようなプレゼントです。世界中のすべての子どもは、12歳になったら、世界一周チケットをもらえます。

そして、1年間、世界中を旅しながら、
各国が主催する様々なプログラムに参加しながら、
肌で世界を感じ、友達をいっぱい作れるようになるのです。

これは、すべての子どもに平等なギフトです。
その国の貧乏な子どもの費用は、その国のお金持ちが払ってあげます。
病気があったり、身体が不自由な子どもたちも、最大限楽しめるように、
世界のスペシャリストが集まって、最大のケアをすることになりました。

サラッと書かれたこの文章ですが、これまで病気や身体が不自由な子どもたちについて言及された絵本に出逢ったことがなかったので、このページをめくる度にスペシャルな感覚になります。

同時に、一般的に「子ども」と表現される中に、病気・障害がある子がイメージされていないことに対して、いつしかあきらめてしまっていた自分がいることに気が付きました。

正直ALOHA LETTERの「もし、世界中の子どもたちが友達になったら……?」というキャッチ

コピーを見たときも「どーせ、健常児と言われる子どもたちのことを言っているのだろう」と、ブラックさくらの拗ねた声が脳内に響き渡っていました。

だからこそ、こんなにもサラッと登場したことに対して、「マコのように病気・障害がある子どものこともイメージしてくれている!」と心の底からうれしくなったのです。

絵本に描いてあるように、病気・障害がある子どもたちを世界平和のプロセスに登場させたいと強く思うようになった私は、すぐに行動を起こしました。

歩さんが代表理事をしているNPO法人オンザロードの事業のひとつ、世界中の逆境にいる子ども・若者たちの夢を応援する『ワールド・ドリーム・スクール』に障害がある若者のクラスをつくってもらおうと、日本にいる重度の身体障害がある若者のゲーム開発クラスを企画提案をし、実際にクラスをスタートさせることができました。現状、運営スタッフのおかげで2期目のクラス開催が実現しています。

また、重度の知的や身体障害がある子たちをオンザロードが企画運営するツアーに誘うなどして、絵本の世界に近付きたい一心でできることを実施し続けています。

歩さんと話す度に、私の固定観念がパッカーンと開いてしまいます。

例えば「死ぬまでにオーロラを見たいんだよね」とボヤいたときも、「オーロラクルーズのツアーやるよ、行くでしょ?」と、行かない言い訳を並べることがナンセンスと思えるほどエアリーに誘ってくれました(笑)。

おかげで脳内が実現するモードになり、念願のオーロラを見るという夢をわずか半年後に叶えてしまったのです。

障害がある子の親が単身でオーロラクルーズツアーに行くということに対して勝手なハードルを設けていたのは、私自身だと気が付きました。

他にもたくさん歩語録はありますが、歩さんの生き様を知るだけでも、「やると決めるだけだな」とシンプルなマインドになります。

ぜひ、映画や絵本、その他の歩さんの著書を読んで、impossible をI'm possible と思えるマインドをインストールしてみてください!

Nothing is impossible, the word itself says “I’m possible!”.

不可能なんてない。だって、

impossible は、私は可能（I’m possible）って言ってるんですもの。

—— オードリー・ヘプバーン

■映画『DON’T STOP!』

https://www.amazon.co.jp/gp/video/detail/B00GQM47SM/ref=atv_dp_share_cu_r

■絵本『ALOHA LETTER』

https://amzn.asia/d/9HQmNBY

■著書『FAMILY GYPSY 家族で世界一周しながら綴った旅ノート』

https://amzn.asia/d/8YLSmFS

■高橋歩オンラインサロン FREE FACTORY

https://freefactory.club/

COLUMN:04

遊んでる？

以前、医療的ケアがあるお子さんがいる友達を飲み会に誘ったとき、「めちゃくちゃ久しぶりに飲みに来れた！　みんな子どものことを気遣ってくれてるのか、誰からも誘われなくなるんだよね」と言っていたのが、切なく印象に残っています。

病院や教育機関、そして世間一般的に、障害がある子は母親が見るのが当然という文化がまだまだ根強い日本。しかし、家族に限らず血縁関係がない人などに子どもを預け、依存先を増やすことは、障害の有無にかかわらず親離れ、子離れに必要なことです。

「仕事」という大義名分があると子どもを預けやすい、もしくは預かってもらいやすいけれど、「遊び」となると、急に預けることのハードルが高く感じることはありませんか？

私が人生のモットーに掲げていることのひとつに、「遊びを大義名分にする！」があります。以前は私自身、子どもを預ける際は仕事や緊急の用事といった大義名分がないと預け難いと感じていたのですが、思い切って「遊びたいので預かってください！」という想いを伝えてお願いしてみたら、あっさり快諾してくれたことをきっかけに、「もっと遊びたい気持ちを素直に伝えていこう」と心に決めました。

周りの協力的な方々のおかげで、私自身が知らない間に背負っていた「障害がある子の親は遊んじゃいけない」という偏見の塊を粉砕することができたのです。

偏見が崩れたら、思い切った行動を取れるようになりました。

２０１４年、マコが４歳の頃、ずっと憧れていたフランスに単身で行くことに！　当時はまだショートステイなどの施設を利用していなかったので、夫と両親、そして姉に、代わる代わるマコのお世話をお願いしました。マコが生まれてから1週間以上離れるのは初めてのことだったので、私自身かなりの勇気を振り絞ったことを覚えています。

そんなとき後押ししてくれたのは、夫や両親、姉の協力的な姿勢です。

旅立つ直前に両親から軍資金をもらったのですが、封筒に貼ってあった付箋に「いい思い出をたくさんつくってきてください！」というメッセージを見付けたとき、ものすごくうれしかったなぁ。
今でも大切にパスポートに貼ってあります。

思い切って「遊びたい！」と伝える経験を重ねることで、今では堂々と遊びを大義名分にしている幸せな私。そんな私の姿を見た長女が、2022年の私の誕生日にくれたメッセージがあります。

「たくさん好きなことして生きてね。楽しそうなママを見るのが好きです！」

このメッセージをそっくりそのまま長女にも贈ります。
子どもが楽しそうに生きている姿を、私もずっと見ていたい。そう心から思えるのは、私自身が楽しく生きられているからだと思います。
これからも遊びを大義名分にして、人生楽しむぞー‼

The most important thing is to enjoy your life – to be happy – it’s all that matters.

一番大切なことは、人生を楽しむこと。
ハッピーでいること、大事なことはこれだけ。

――オードリー・ヘプバーン

障害がある子どもの親離れを真摯に考えるきっかけをくれたヒト・モノ・コト

「子どもは勝手に育つから」

「手がかかるのは今だけよ。女の子は特に親離れが早いから」


これは長女が幼少期の頃によく周りからかけられた言葉です。しかし、次女マコを子育てする中で、このようなことを言われたことはありません。


それもそのはず、重度の障害があって進行性の難病があるマコは、勝手に育つどころか年々手がかかるし、自然に親離れするイメージは誰にもなく、周りの方々も安易に気休めの言葉なんてかけられないのだと思います。

マコの子育ての延長線上には「親離れ」というワードがすっぽり抜けてしまっていました。

おそらく、疾患があるという事実と隣り合わせで「マコは長く生きられないかもしれない」という考えがつきまとうため、自分の心を守るためにも親離れについて考えないようにしていたのかもしれません。

障害がある子どもの親離れを
真摯に考えるきっかけをくれたヒト・モノ・コト

#001

Jacob Riis《ヤコブ・リース》さん
Vivi Riis《ヴィヴィ・リース》さん

『障害がある子も親離れするのが当たり前』だと教えてくれたヒト

私がマコの親離れについて考えるようになったのは、2017年にデンマークを訪れた際、重度の障害があり24時間ヘルパーと共にひとり暮らしをしているヤコブ・リースくん（以下、ヤコブくん）の自宅に遊びに行ったことがきっかけです。

ヤコブくんは脳萎縮性のマチャド・ジョセフ病という疾患があります。発症する15歳までは非常に活動的で、プロサッカー選手を目指していましたが、発症後は車椅子生活になり、発語・嚥下障害が出てきて終日介助が必要となりました。

遊びに行った日、ヤコブくんのお母さん、ヴィヴィさんも逢いにきてくれてこんな会話をしました。

私「マコが成人した後もずっと親や家族が世話するのはどうなんだろうと思っている。日本では障害がある子どもを家族がずっと世話するのが当たり前なんだよね」
ヴィヴィさん「18歳過ぎたら子どもは親から離れて暮らしたいと思うのは当然よ！　いつまでも親と一緒なんて嫌でしょ（笑）」

そう明るく言い放つヴィヴィさんを見て、私はタライが天井から頭の上に落ちてきたような衝撃を受けました。

重度の障害がある子どもの親として同じ立場にいるはずなのに、彼女は私にはない価値観を持っていたのです。また、子どもを「障害者」ではなく「いち人間」としてフラットな目で見ていることに、ハッとしました。

私はまだまだマコのことを「障害がある子」と見ていたことに気が付き、反省をしたと共に、「重度の障害がある子も親離れをしたいと思うことは当たり前」という考えに感銘を受けたのです。

また、ヤコブくんが経験していることにも衝撃の嵐でした。

彼は、フォルケホイスコーレという寄宿舎型成人学校のひとつ、エグモントホイスコーレン（以下、エグモント）に通っていました。

フォルケホイスコーレとは、デンマーク流民主主義の基盤を作る「国民学校」で、国内に70前後あります。17歳以上であれば誰でも入学が可能で、アート、スポーツ、哲学、福祉など様々な分野に特化した個性を持つ学校です。大学に進む前に本当に興味があることは何なのか探す目的の人、職種を変えるために新しいチャレンジがしたい人などが学びたい教科を好きに選択して納得できるまで学びます。

ちなみに私が2017年にデンマークのカルチャーが学べるフォルケホイスコーレンに1週間ほど滞在した際、80歳近くの方々が入学していました。何歳になっても当たり前に学べる環境があるって素敵だなと思いました。

フォルケホイスコーレンの中でもエグモントが特徴的なのは、全校生徒のうち約3分の1の学生は身体・知的・精神に様々な障害を持っていて、障害がある学生は、国のアシスタントヘルパー制度を用い、障害のない学生を面接して雇うことで、食事や排泄、買い物や旅行といった日々の暮らしを営んでいる点です。ちなみにエグモントには日本人のスタッフがいて日本人の受け入れの実績も豊富です。

ヤコブくんはエグモントでアドベンチャーコースを選択しました。

アウトドアに目覚め、自然の中でワイルドな経験をしたいと思うようになり、ヤコブくん自身の力と仲間たちとの友情で、北ヨーロッパの最高峰・ガルフピッゲン山（ノルウェー）登頂を実現させました。

私はこの一連の話を聞いて、まずアドベンチャーコースというやんちゃなコースが存在することに感動しました。

マコと生活をする中で感じるのは、医療福祉も教育現場も、安全第一で無理は禁物とされ、アドベンチャーというワードからかけ離れた生活になりがちです。

一方で、マコ自身は飛行機の乱気流やガタガタした険しい道など、激しめな経験が好きなので、もしマコの学校にアドベンチャーコースがあったら絶対に入るだろうなと思いました。

そして、素晴らしいのはヤコブくんの提案に対して周りの姿勢がとてつもなく前向きなことです。「そんなの無理だよ」ではなく、「どうしたらできるか」という視座で周りが関わる姿勢に感動しました。

重度の障害がある方が山に登る際は、険しい道のりでは自分自身と重い車椅子を担いでもらう必要があったり、体調にも常に配慮したりしなければならないなど、様々な課題が出てきます。

当初登山の計画はヤコブくんのためにスタートしましたが、「あきらめないでたくさんの経験をしたい」と思うヤコブくんに賛同した生徒たちが集まり、計7人の「リース遠征隊」という名のチームができました。一緒に計画をして楽しみ、目標を達成する経験の中で、いつしか7人全員のための登山になっていたのです。

リース遠征隊がヤコブくんと実現していく様子は『リース遠征隊 ガルフピッゲンの夢』というドキュメンタリー映画にもなっています。

ヤコブくんは、山を登頂することを通して、「障害があってもアウトドア活動が行えること」「人は他の人々と繋がり、その人々の協力を引き出しながら生きていく存在であること」を伝えたかったのです。

学校卒業後のヤコブくんのひとり暮らしを支えるメンバーの中には、エグモントで出逢った仲間がいて、24時間交代でヘルパーとして介助に入っています。遊びに伺った際もリース遠征隊のひとりでもある友人がヘルパーとしていました。

ヤコブくんが「気の知れた友達がヘルパーだと楽」と言っていたことが心に残っています。

そんなヤコブくんの生活の様子を目の当たりにした私は、「マコもこんな風にひとり暮らしができるようになるのかな」と、今まで描けなかったビジョンを持つようになりました。

「障害がある子は、家族と家で暮らし、親が高齢化してからは施設などに入所」といった固定観念を捨て、マコ自身が家で暮らしたいのか、施設やシェアハウスなどどんな生活環境を好むのか、そして、どんな社会活動に関心があるのか、実体験と選択肢を与えながら彼女の人生を一緒にデザインしていきたいと強く思いました。


ヤコブくんは2023年3月（没年30歳）、たくさんの仲間に見送られてこの世を去りました。

ヤコブくんの人生を見習い、マコにもたくさんの経験やアドベンチャー、そして出逢いを通して豊かな人生を送ってほしいと願います。

まずは、私自身が子離れをするために意識して動いていこうと心に誓いました。

■エグモント・ホイスコーレン ホームページ

https://www.egmont-hs.dk/

■エグモント・ホイスコーレン Facebook ページ

https://www.facebook.com/egmonthojskolen.japan

障害がある子どもの親離れを
真摯に考えるきっかけをくれたヒト・モノ・コト

#002

中西良介さん

（株式会社ノーサイド代表）

Ryosuke Nakanishi

『子離れに必要なマインド』を教えてくれたヒト

マコの高校卒業後の居場所探しで、全国の好事例をリサーチしていく中で、東大阪市で障害福祉サービスを提供している事業所「NO SIDE（ノーサイド）」に出逢いました。

障害福祉サービスの他、住宅型有料老人ホーム、居宅介護・移動支援、介護タクシー、宿、カフェなど幅広く事業を展開しています。

「ノーサイドの宿に泊まりにきてください！　駅までお迎えに行きますから！」と、代表の中西良介さん（以下、中西さん）が気さくに声をかけてくださったので、お言葉に甘えてすぐに友達数名と子どもたちと東大阪まで行きました。

施設見学など丁寧に案内してくださる中で、ノーサイドのスタッフのみなさんがマコと関わる様子を見ていて思ったことは、「専門職だけでなく、その辺の人が、障害がある子どもたちと気軽に関われる環境は創れる！」ということ。

ノーサイドに勤めるスタッフのみなさん（カフェの店員さんを含む）に共通していたのは、初対面のマコに接する前に、必ず「気を付けることありますか？」と確認してくれて、注意事項を聞いたら、オムツ替え、お風呂など完全にお任せ状態にできるのです。

私は、最低限気を付けることを伝えて、あとは任せるという流れを作ることができれば、もっと障害がある子どもたちに関われる人が増えるのではないかと思いました。

制度や福祉サービスを使用する上で、障害がある子のケアは専門職縛りになりがちです。しかし、専門職ではない一般の人が当たり前に交わっていく環境を創らないと、将来的に専門職の人手不足で、子どものケアをする人がいなくなってしまう状況が安易に予想できます。

その点、ノーサイドのビジョンは「障がいのあるひともない人もみんなで支え合う社会を作る」。スタッフにはもちろん初めから専門職の方もいますが、無資格でバイトとして仕事を始めて、経験を積み、福祉の資格に興味を持ち始める方もたくさんいるとのこと。

「子どもの障害分野はわからないから怖い」
「医療的ケアをしたことがないから不安」

これらは小児分野に関わったことがない専門職の方からよく聞く言葉なのです。

親である私も、障害に関する知識や医療的ケアの知識はゼロで、最初は不安でしたが、日々我が子のケアをして粛々と経験値を上げているだけです。専門的な知識がゼロでも、親だからやるしかない。それだけです。

素人の親でもやっているのだから、専門職でなくても、誰でも子どもの医療的ケアをすることは可能なはずです。

ちなみに、医療的ケアとは、日常生活に必要な医療的な生活援助行為のことで、治療目的の医療行為とは区別されます。

最近よく耳にする「医療的ケア児」という言葉ですが、少し前までは「高度医療依存児」と呼ばれていました。医療的ケア児と呼ぶことで、将来的には学校や保育園・幼稚園など地域で暮らす場において、医療従事者のみならず、いろんな職種のケアの担い手が増えることへの期待が込められているのではないかと思います。

そこで、周囲が気軽に関われる環境を創るために必要不可欠なのは「親の覚悟」だと思います。子どものケアで最低限の気を付けることを、言語化して相手に伝えたら、あとは任せる覚悟。中西さんと対話をする中で、とても印象に残っている言葉があります。

「もっと人を信用しよう」

「すごくわかる！」と思ったと同時に、ちょっとドキッとしました。はたして私は、周りの人を信用できているだろうか。胸に手を当てて考えてみた結果、答えはイエスでした。そう思えたのは、マコが小さい頃からいろんな人に関わり、育ててもらう経験を積んできた結果なのだと思います。

しかし、生まれてすぐにケアが必要で、「親のあなたが子どもを見なさい」という世の中の同調圧力に悩んでいる親御さんや、預け先もなく、親が全ての責任を抱えて一生懸命に子どもの命を守り続けている親御さんが、私の周りにはたくさんいます。

医療の進歩で、子どもの命は助かったけれど、子どもが実際に生きていく社会や福祉の器がまだ未熟な故、親や家族のパワーに依存している世の中が現実にはあります。そのうち、心身ともに疲弊して、「どうせ誰も助けてくれない」とハリネズミのように心が頑なになってしまっている親御さんを、何人も見てきました。

たくさんの親御さんと接してきた中西さんに、「心が頑なになっている親御さんには、どんなアプローチをしていますか?」と聞いてみました。

「僕が親御さんとお話をするときに気を付けているのは話を聞くことです。

どこに気を付けているかと言うと、本音の部分が出てくるところまでめちゃくちゃ気を付けています。

心の奥の一番重たい扉が開くと、そこから心の奥にたまっていた感情が水のように溢れてきます。それをしっかりと丁寧にこぼさないように集めていき、その気持ちになった背景や理由を一緒に考えるようにしています。

親御さんが不安に感じているかな？　と思ったときは離れてみたり踏み込んでみたり黙ってみたり話してみたり……あの手この手で心の扉にアプローチをかけていきます。

家族だけで過ごし、解決をしていき、他人や社会と繋がることが遅くなればなるほど、この心の扉を開くのは難しいと感じます。これを僕は『親子関係の焦げ付き』と表現しています。

親御さんが信頼できる人を探す方がはるかに難しいと思いますが、言葉は厳しくなるけれどそこは勇気を持って一歩踏み出していくしか方法はないと思います。

だからこそ寄り添ってくれる人がめちゃくちゃ重要になってきます！　それが、医療的ケア児等コーディネーター（※）の一番の役割です。子育てや教育は家庭、医療的ケアや障害に対する支援は地域でする！　この線引きが大事なのだと思います！」

確かに、「子育てや教育は家庭」「医療的ケアや障害に対する支援は地域」、この線引きができたら、役割分担が明確でいいなと思います。

もし地域に医療的ケアや障害に対する支援のリソースがある場合は、早い段階で活用してみてください。

サービスを活用する方が増えると、内容がアップデートされ、支援者の人材育成も活性化し、何よりサービス利用者のニーズが把握されて、より多くの方に支援の手が届くようになります。

「親子関係の焦げ付き」を起こす前に、勇気を出して、人を信用してヘルプを出してみませんか？

※2019年4月に実施が開始された「医療的ケア児等総合支援事業」のひとつに、医療的ケア児等コーディネーターの養成、配置があります。役割は、医療的ケア児が地域で安心して暮らしていけるよう、各種サービスや必要な支援を総合的にコーディネートすることです。

■ノーサイド ホームページ

https://www.no-side-kaigo.com/

COLUMN:05

子離れしてる？

マコの面倒を見た最初の人は、パパの悠太でした。

その後、私の姉妹、私と夫の両親、友達、保育所、学校、デイサービス、病院……と、少しずつ私以外の人にマコを預け、いろんな人と関わる機会を作っています。

親である私の負担軽減はもちろんですが、マコの人生を考えたときに、親以外の人間に出逢い、「社会」の中で生きる力を育むことは、間違いなく人生の財産になると思っています。


私の場合、自分のこだわりポイントを自覚し、自分以外の方に預ける際はこだわりポイントを横に置き、子どものお世話をする方と子どもが心地よい環境を創れればよし！ としています。

例えば、食事。私は健康に気を遣いたいので、自宅でのご飯はできるだけ野菜を摂り、ご飯も五穀や玄米を使うなどしています。

しかし、夫に任せるときは、夫が食べたいもの、作りたいものに任せています。

例えそれが、「唐揚げにご飯」や「ご飯とスパゲッティ」のような炭水化物 オン 炭水化物だとしても、ふたりが心地よければOK。

「これくらいのことじゃ死なないから大丈夫」

この言葉を胸に、多少ツッコむことはありますが、任せています。死や怪我などに直結しそうなことには言及しますが、それ以外は見ないようにしています。見ると気になってしまうので。知らぬが仏(笑)。

自分のやり方にこだわりすぎることで、他の方が介入し難い状況をつくってしまわぬよう、自分のこだわりは一旦横に置いて、子どものお世話をする方と子どもの新しい関係性と心地よい環境を尊重し一緒に創造していく姿勢は、すごく大事だなと実感しています。

マコと同じ疾患の子どもがいて、定期的にショートステイに預けている友達から聞いてハッとしたことがあります。

「ショートステイから帰ってくると、息子の発音が明瞭になってるんだよね。いつも一言ったら10わかっちゃう家族や支援者と違って、ちゃんと言わないと通じない人と時間を過ごすことで、本人もコミュニケーションを取ることに必死になるんだと思う」

確かに、マコ語（発音が明瞭じゃない話し方）を理解できてしまう家族や支援者は、彼女がハッキリ発音できていなくてもいちいち正すことはせずに流してしまいますが、わからない人には通じないため、本人も努力するようになります。

子どものコミュニケーション力を鍛えるためにも、いろんな環境に身を置く経験は必要だなと感じています。

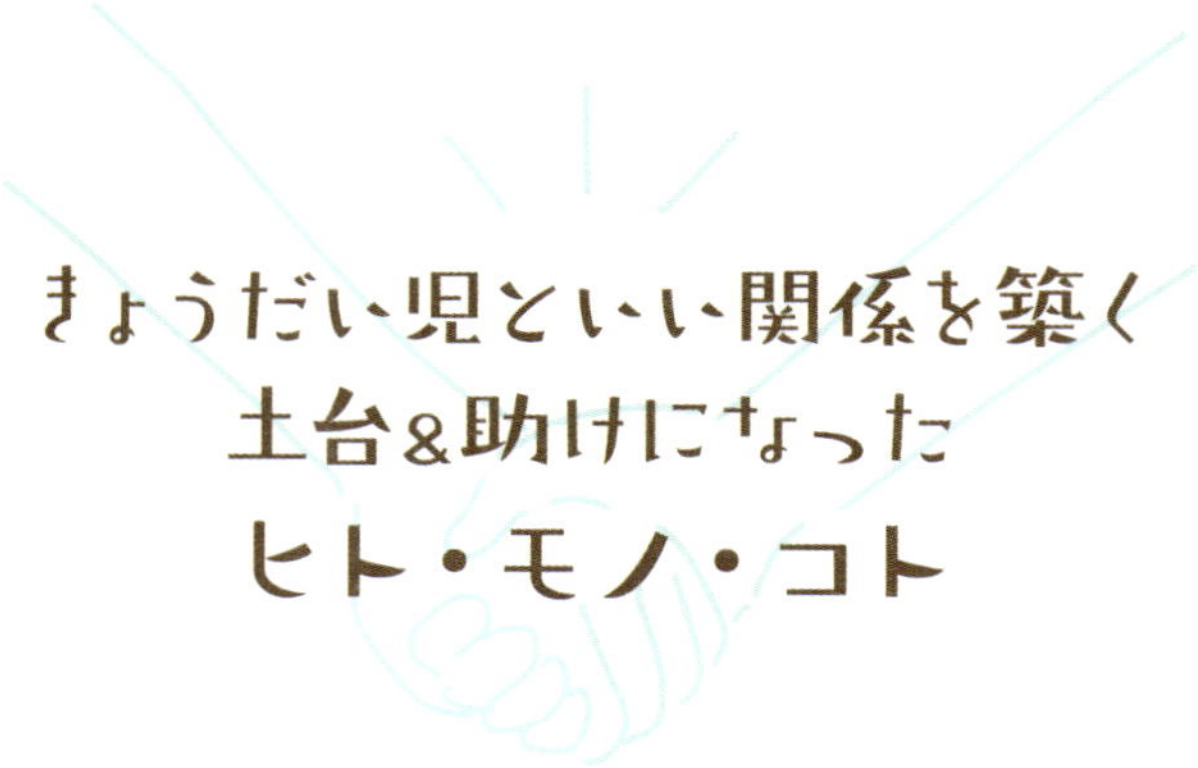

きょうだい児といい関係を築く土台&助けになった ヒト・モノ・コト

現在、高校生になった長女と、いい人間関係を築けているのは、独身時代に学んだ心理学や、長女が生まれてすぐに出逢った親業のコミュニケーションプログラムのおかげだなぁと痛感しています。まさに知財。

また、障害がある子のきょうだいを支援する団体との出逢いにも救われました。

長女が愛情不足でグレてしまうのではないかとめちゃくちゃ不安だった私が救われたヒト・モノ・コトを紹介することで、同じくきょうだいさんとの関係に不安を感じている親御さんの参考になれば幸いです。

なお、この章の内容、エピソードは長女に確認をした上で掲載OKをもらい紹介しています。

きょうだい児といい関係を築く
土台&助けになったヒト・モノ・コト

#001
「よい子」じゃなくていいんだよ：障害児のきょうだいの育ちと支援
(フォーラム21)

心理学・親業

コミュニケーションに役立ったモノ

マコの難病・障害がわかって落ち込んでいたとき、私は並行して長女(当時2歳)のことも心配していました。

ただでさえふたりの人間を育てることに対して漠然とした不安を抱えていた中、ふたり目が明らかに手のかかる大変な子育てになると判明したことで、脳内はパニック状態。

「長女に寂しい思いばかりさせてしまうのではないか」
「マコばかりに時間をとられて、長女は愛情不足で将来グレてしまうのではないか」

私の憶測の中で、思春期になった長女と冷え切った親子関係になっているイメージがすっかり出来上がっていました。

しかし、誰に相談すればよいかもわからず、ひとり悶々と不安を抱えている日々を過ごしていたのですが、一刻も早く不安を解消したいと焦った私は、ネットで「障害　きょうだい」とリサーチして救いの手を探し始めました。

最初に目に入ってきたのは『「よい子」じゃなくていいんだよ：障害児のきょうだいの育ちと支援（フォーラム21）』（著者 戸田竜也／新読書社）という本でした。

早速オンラインで購入して読んだのですが、著者自身のきょうだいに障害があるとのことで、言葉ひとつひとつがなんだか長女の代弁を聞いている感じがしました。

著者が本の中でこのように伝えています。

「親が大変なのを目の前で見ているからわがままを言えない、親にとって役立つことを期待される。理解はできるが腑に落ちないとずっとわだかまりを抱えていた」

私はこの文章を、脳内で次のようにポジティブ変換して咀嚼しました。

「わがままが言えるように、遠慮させないように、長女が発する言葉だけではなく、むしろ非言語のサインを見逃さないようにしよう。長女が『親にとって役に立つ存在でなければならない』と勘違いすることのないように、長女のペースと感情を尊重して、あなたはあなたの人生を優先するのよ！としつこいくらいに言葉と行動で伝えていこう」

また、本の中で「きょうだいに期待すること」を障害がある子どもの親に聞いた節が紹介されているのですが、「よいこでいてくれること。障害児の世話だけでも大変なのでわがままを言わない、手のかからない子であってほしい」と願う文章がありました。

この節を読んで、私は長女との今後の関わりに対するさらなるヒントを見出しました。

「そうか！　長女を『よい子』にしないために、よい子じゃない行動や態度を歓迎すればいいんだ！」

わがまま放題をウェルカムにする訳ではなく、「自分の気持ちをちゃんと出せたね！」という歓迎の気持ちを常に持っておこうと思ったのです。

特に長女は洞察力が鋭い故に空気を読むことに長けているので、私が少しでも忙しそうにしていると我慢してしまうだろうな、と容易に予想できました。

「いつでも自分の思いや希望を伝えて大丈夫なんだ」と安心してもらえる関係を構築することは、彼女と一緒に生きる上で必要不可欠だと改めて思いました。


ちなみに、幼少期の長女がした一般的に「よい子じゃない行動」とされるものは、

◯床に寝転がるマコを足で踏む、つねる
◯「保育園に行くときも、お迎えのときも、マコちゃん抱っこされてズルい」と拗ねる
◯「パパとママはいつもマコちゃんのことばかり話してる」と拗ねる
◯「マコちゃんなんか生まれてこなきゃよかったのに」とトゲトゲしたことを言う
◯「ひとりっ子がよかった」と拗ねる

など、行動や言葉だけをかいつまむと、ついつい「そんなこと言わないの!」と反応してしまうようなことですが、私の視点は常に長女の心の中を見つめていました。

「今、どんな気持ちでいるのかな?」と、彼女が感じているであろう感情に思いを馳せてみるのです。

すると、言葉と本心が一致している「内外一致」の状態ではなく、本心では「寂しい、悲しい」という感情が隠れているのが見えてくるのです。

このように、長女の気持ちに寄り添いながら、心と心、双方のコミュニケーションを取ることを重ねてきました。


私がよい子じゃない長女を歓迎するコミュニケーションを実践できたのは、心理学やゴードン博士の「親業」というペアレントトレーニングに出逢い、学んでいたからです。

決して私の人間力や器の大きさなんかではなく、学びで得た気付きが、私を支えてくれたのです。

会社勤めをしていた24歳の頃、上司と折が合わず心理学を学び、その後、25歳で長女を妊娠して、「人間を育てる自信なんてない……」と怯えていた私は、たまたま義母が教えてくれたペアレントトレーニング「親業」と出逢い、長女が生後6カ月の頃にプログラムを受講しました。

心理学や親業では、特にうまくいかないコミュニケーションのカラクリを知ることで、実生活で反面教師の素材として活かせたことが役立っています。


とはいえ、学びには時間とお金がかかります。実際、私がこれまでにコミュニケーションに関する学びに投資した金額を計算したところ、なんとエルメスのバーキンが買える金額でした（笑）。

もし「きょうだいさんとのコミュニケーションを改善したい」という方がいらしたら、私も相談を受けているので、ぜひ問い合わせください。

親業プログラムを学んだのはこちら

■親業訓練協会

https://www.oyagyo.or.jp/

※親業インストラクターの資格を取り、講演や講座などでプログラムを伝える側になりましたが、現在は協会を退会したためインストラクターの活動はしていません。

心理学を学んだのはこちら

■日本メンタルヘルス協会

https://mental.co.jp/

■書籍紹介

「よい子」じゃなくていいんだよ：障害児のきょうだいの育ちと支援（フォーラム21）

著者：戸田竜也　出版社：新読書社

https://amzn.asia/d/8SUznzU

きょうだい児といい関係を築く
土台&助けになったヒト・モノ・コト

#002

松本純さん
親業

Jun Matsumoto

『愛は伝わらなければ、愛がなかったことと同じこと』を教えてくれたヒト

親業インストラクターの先輩はみなさん素晴らしい人間力をお持ちなのですが、その中でも松本純さん（以下、純さん）との出逢い、そして純さんの著書『わが子と心が通うとき』（Art Days）で得た思想が、私の人生に大きな影響を与えてくれています。

本の内容は、純さんがご長男との親子関係に悩み続けた末に、ゴードン博士の「親業」と出逢い、わが子と心を通い合う道を見付けた苦難の子育て記です。

後にご長男はＡＤＨＤ（注意欠陥・多動性障害）だと診断されますが、純さんが子育てをしていた時代はまだＡＤＨＤが認知されておらず、周りからはご長男の言動が問題行動と見なされるだけでなく、「親の躾が悪い」と周りからの非難されていました。

純さんは親として「愛」を持って躾をしていたけれど、関係は悪化するばかり。

そんな中、親業で学んだコミュニケーションを実践して純さんが得た学びが、「愛は伝わらなければ、愛がなかったことと同じ」ということです。


この言葉は、私が子育てをする中で大切なお守りになっています。

どうすれば、私の「愛」が相手にとっても「愛」として伝わるのか。

長女の幼少期から今も変わらず実践している私なりの方法は次の通りです。

①とにかく話を聞く

「あなたはそう思い、感じてるんだね」というスタンスで、長女の内部を共有してもらう気持ちで寄り添い、表情や目を見て相づちを打ちながら聞きます。決してこちらの価値観を押し付けることはしません。

②スキンシップを求めてきたら、いつでもウェルカム

あくまで長女のタイミングです。思春期の今、私のタイミングで抱き付くとウザがられます（笑）。

③トゲトゲした言葉も吐き出させる

言葉だけでは判断せず、それを伝えているときの表情など非言語にも着目し、ＳＯＳを感知できるようにします。

④ワクワクすること、楽しいことは何かを聞く

「やりたいこと」ができたときに素直に伝えてもらうことで、サポートができる関係性を築くために、日常的に長女が何にワクワクしているか知っておくことを大切にしています。

⑤やりたい！ と言ったことは応援

どうしたらできるか、という視点で、一緒に作戦会議する時間を大切にしています。大きな願望でなくてもＯＫ。「〇〇食べたい！」「〇〇行きたい」などという日々の願望を叶える経験を積み重ねて、自分や周りの力で実現させることが実体験となり、消極的だった長女が徐々にアクティブになっていきました。

⑥毎日、「愛してる」と言葉で伝える

本心を伝えるシンプルな方法です。長女も「愛してるよ」と伝えてくれるとき、ふたりの間に流れる温かい空気は本当に幸せを感じさせてくれます。

⑦パパ・ママ独占タイムを意識してつくる

わかりやすく親の愛が自分に向いている、と長女が実感できる時間を意識してつくります。

そして、長女のペースを保ちつつ、彼女のメンタルをケアするために、長女が小学校低学年のとき、本人の意向で個人部屋を確保しました。マコが騒いだりするときはその場でヘッドホンを装着する、部屋に逃げるなどして、長女のペースを保てるようにしています。

長女に、「障害がある子がいるきょうだいの子育てで悩んでいる親御さんに向けて何かアドバイスはある?」と聞いたところ、「大事にしてあげてください。パパ・ママそれぞれが自分だけの時間をつくってくれるのとか、うれしかったかな」と答えていました。

最近、「パパとママの子どもですごく幸せ。この家に生まれてよかった!」と言ってくれて、すごくうれしかったです。
マコの病気が発覚した当初、「長女がグレてしまうのでは……」と心配だったあの頃の私に、「大丈夫！　ちゃんと愛は伝わるよ！」と声を大にして伝えたいです。

補足ですが、そんな私も心のゆとりがないと感情を露わにイライラして、子どもにキツく接してしまうことがあります。大体、マコに振り回されて自分のやりたいことが全くできないとき、寝返りができないマコの夜の体位交換やケアで寝不足が続いたとき、自分の仕事に追われているときなどにイライラしてしまうと自覚しています。

大切な人とミスコミュニケーションを起こさないために、予防策として「自分の時間を取ること」を優先順位のトップにしていて、自分自身の心にゆとりを持たせることをかなり意識しています。
とはいえ、自分の時間がなかなか取れず、心にゆとりがなくなることもあり、「あぁ、感情に任せて子どもに当たってしまった……」と自己嫌悪になるときは、早い段階で「ごめんなさい」を伝えます。「親だって人間。間違えることもあるし、ずっと成長し続ける生物なんだ」と自分を慰めつつ、「さっきはイライラしてごめんね。私がさっき怒ったのは、自分の時間が持てなくてやりたいことができてなくて、焦ってイライラしちゃったの。私の問題なの」と、私自身の課題であることを子どもに説明をします。

あとは、深呼吸をして落ち着いたら、自分の機嫌を直すために必要なことをするのみ！

私の場合、床拭きや掃除をすると頭がスッキリします。コーヒーを淹れたり、音楽を聴いたり、ゆっくりお風呂につかったりするなど、私なりに気分が上がることをして心を整え、元の気に戻します。

自分が元気な状態でいることは、子どもたちに愛情を注ぐ上でとても大切です。

ぜひ、心を落ち着かせて、あなたの中の愛を日頃から伝えてみてください。

■松本純さんの著書

『わが子と心が通うとき』（Art Days）

https://amzn.asia/d/cANAJbH

きょうだい児といい関係を築く
土台&助けになったヒト・モノ・コト

ヒト
モノ
コト

#003

清田悠代さん
しぶたね

きょうだいさんのための本 たいせつなあなたへ
Hisayo Kiyota

『家族以外のきょうだいを想い、考えてくれる』

ヒト・モノ・コト

重い病気や障害がある兄弟姉妹がいる子どものことを、「きょうだい児」と呼ぶことが最近増えてきました。

マコの障害がわかった十数年前は、まだ世の中に浸透していなかった名称です。

我が家では、まさに長女が「きょうだい児」ですが、当時はきょうだい児のサポートをする団体は珍しく、ネットでたどり着いた「しぶたね」という団体が、私にとって唯一の頼りの綱でした。

「しぶたね」は、病気のある子どもの「きょうだい」のためのNPO法人です。

代表の清田悠代さんご自身がきょうだい児だったことから、きょうだいや家族に寄り添う団体を設立されました。

しぶたねの活動内容や想いに触れる度に、「世の中に親や家族以外にきょうだいのことをこんなにも想ってくれる大人たちがいるんだなぁ」と感動したことを覚えています。

そして、長女がちゃんと「寂しい」「愛情がほしい」ということを気軽に表現できるツールとして、しぶたねから発行されている冊子『きょうだいさんのための本　たいせつなあなたへ』にとても救われました。

冊子は小学生低学年くらいの子どもをイメージして作成されたとのことですが、当時4歳だった長女にもとても有効でした。

絵本のような優しいイラストで、一言一言が愛に包まれていて、きょうだいの想いや感情を代弁しつつ、存在そのものを守ってくれる、そんな冊子です。

親としては、きょうだいの気持ちをイメージすることができる上に、うまく伝えられない気持ちを代弁してくれているので、きょうだいとのコミュニケーションにとても役立ちます。

中でも冊子の後半についている「おねがいクーポンをつくってみよう！」がお勧めです。

「あたまをいっぱいなでなでしてもらう」

「5ふんかんおひざにのせてもらう」

「ぎゅうってしてもらう」

などが書かれたクーポンの他、自分で書き込んでオリジナルクーポンを作ることができます。

口頭で伝えるのが照れくさい、タイミングがわからない、そんなとき、クーポンをすっと差し出すことで、親に自分のお願いを伝えることができるのです。


長女に渡すと早速クーポンを切り取り、私が家事をしているときに私の太ももをツンツンとした後、「ぎゅうってしてもらう」クーポンを差し出してきました。

そのときの長女の愛おしい表情は、今でも脳裏に焼き付いています。

■『きょうだいさんのための本　たいせつなあなたへ』
こちらのサイトからダウンロードできます。
https://sibtane.com/download/

現在、きょうだい児支援の輪はどんどん広がっています。

ネットで「きょうだい児 支援団体」と検索すると、各地で活動している団体が出てくるので探してみてください。

また、障害者のきょうだいのためのサイト「Sibkoto」のホームページの中で各地のきょうだい支援団体を紹介しています。参考までにご覧ください。

■ Sibkoto

https://sibkoto.org/.

きょうだい児といい関係を築く
土台&助けになったヒト・モノ・コト

#004

首藤徹也さん
あしたパートナーズ
Tetsuya Shuto

『きょうだいを本気でサポートする人たちがいること』を教えてくれたヒト・モノ・コト

「ねぇ、パパとママが死んだらマコちゃんどうなるの？」

長女が小学校低学年の頃、何気なく聞かれたことがあります。
突然核心をついた質問をされたので、正直ドキッとしました。

「どうなるんだろうね～まだママもわからないや。病院かどこかで暮らすのかな～。いろいろ調べないとわからない。でもね、あなたはあなたのやりたいことをしっかりやってね。マコちゃんはマコちゃんの人生、あなたはあなたの人生があるんだから」

そう答えたものの、長女から大きな宿題を受け取ったような気持ちになりました。

長女がぼんやりと不安に感じていることを知ってから、マコの将来を考える機会が増えましたが、マコが小学生のうちは「まだまだ先のこと」という気持ちが大きくて、取り組むべき事項としては優先順位がかなり下でした。

マコが私たち親より長く生きることができたら、それは素晴らしいこと。しかし、手放しで喜べない現実があります。

私と夫が、マコよりも先に死んだ場合を考えてみました。

私と夫は、将来長女にマコのお世話をしてもらおうなんて全く考えてはいません。むしろ、長女がお世話をしないで済むように、環境を整えてからあの世にいきたいと考えています。

また、私には姉と妹がいて、それぞれ子ども（長女にとって従姉弟）がいるので、何かあったときは、家族の誰かしらが長女のサポートをしてくれるのではないかと勝手に期待しています。

しかし、マコに関する公的なやりとりを長女が担う場面に遭遇したとき、長女が気軽に相談できて一緒に解決してくれる専門機関があったら、どんなに心強いだろうと思っていたところ、まさに痒い所に手が届くサービスを展開している方に出逢いました。

一般社団法人あしたパートナーズ代表の首藤徹也さんです。

首藤さんのごきょうだいに障害があること、そして保険会社でライフプランナーの仕事をする中で、実際の相談内容から、障害がある子のいる家族には親なきあとに備えた生前準備や親なきあとに発生することのサポートが必要だと痛感して「親なきあと相談室」をつくりました。

相談室には、弁護士、ファイナンシャルプランナー、小児科医、社会保険労務士などの専門職の方々がいて、障害がある子のいるご家族は、ワンストップで専門家のサポートを受けられます。

首藤さんは、親なきあと相談室を活用している親御さんから、「ぼんやりとお金に関して不安があったけれど、親なきあとのお金に関する整理をすることで今後の見通しが立ち、自分の人生においてやりたいことにも躊躇なく時間やお金を使えるようになったことがうれしい」という話を聞き、親なきあと相談室の存在意義を改めて感じたと言っていました。

あしたパートナーズの親なきあと相談室は、オンラインサロンを活用しており、月会費制のシステムです。オンラインサロンの会員はいつでも気軽に専門家に親なきあとの相談ができます。日本最大の当事者家族のコミュニティを目指していて、会員間の情報交換や交流も活発にできます。
気になる方はぜひ問い合わせてみてください。

首藤さんは現在、親なきあと相談室の活動に邁進していますが、親なきあと問題の他にも、障害がある子のきょうだいや親御さんが困らない世の中を実現させるために、気が付いた課題を片っ端から解決するために行動しています。

ひとりでも多くの方が、当事者家族であることが誇りに思えるように、というビジョンを持っています。

私も首藤さんの構想をサポートしていくことで、長女や世の中のきょうだいさんたちが心配せずに暮らせる世の中創りの一助をしていきたいと思います。

■一般社団法人あしたパートナーズ ホームページ

https://www.ashita-partners.com/

今、この瞬間を楽しんでる？

私自身が、「こんなはずじゃなかった」というネガティブな状態から、とらえ方をポジティブにマインドセットするきっかけになったエッセイがあります。

1987年にアメリカの作家・社会活動家エミリー・パール・キングスレイによって書かれた、障害のある子を育てるということについてのエッセイ『オランダへ、ようこそ』（Welcome to Holland）です。

日本で2017年に放送されたテレビドラマ『コウノドリ（第2シリーズ）』で紹介されたので知っている方も多いのではないでしょうか。

エミリー・パール・キングスレイさんは、セサミストリートの作家を長年務め、息子はダウン症候群で、セサミストリートの俳優などのキャリアがあります。

オランダへ、ようこそ

作：エミリー・パール・キングスレイ／訳：伊波貴美子

出典元：https://jdss.or.jp/plus-happy/

私はよく「障がいのある子を育てるのってどんな感じ？」と聞かれることがあります。

そんなとき私は、障がい児を育てるというユニークな経験をしたことがない人でも、それがどんな感じかわかるようにこんな話をします。

赤ちゃんの誕生を待つまでの間は、まるで、素敵な旅行の計画を立てるみたい。
例えば、旅先はイタリア。
山ほどガイドブックを買いこみ、楽しい計画を立てる。
コロシアム、ミケランジェロのダビデ像、ベニスのゴンドラ。
簡単なイタリア語も覚えるかもしれない。
とてもワクワクします。

そして、何カ月も待ち望んだその日がついにやってきます。

荷物を詰め込んで、いよいよ出発。

数時間後、あなたを乗せた飛行機が着陸。

そして、客室乗務員がやってきて、こう言うのです。


「オランダへようこそ！」

「オランダ!?」

「オランダってどういうこと?? 私は、イタリア行の手続きをし、イタリアにいるはずなのに。ずっと、イタリアに行くことが夢だったのに」


でも、飛行計画は変更になり、飛行機はオランダに着陸したのです。

あなたは、ここにいなくてはなりません。

ここで大切なことは、飢えや病気だらけの、こわくてよごれた嫌な場所に連れてこられたわけではないということ。

ただ、ちょっと「違う場所」だっただけ。

だから、あなたは新しいガイドブックを買いに行かなくちゃ。

それから、今まで知らなかった新しいことばを覚えないとね。

そうすればきっと、これまで会ったことのない人たちとの新しい出会いがあるはず。

ただ、ちょっと「違う場所」だっただけ。


イタリアよりもゆったりとした時間が流れ、イタリアのような華やかさはないかもしれない。

でも、しばらくそこにいて、呼吸をととのえて、まわりを見渡してみると、オランダには風車があり、チューリップが咲き、レンブラントの絵画だってあることに気付くはず。


でも、まわりの人たちは、イタリアに行ったり来たりしています。

そして、そこで過ごす時間がどれだけ素晴らしいかを自慢するかもしれないのです。

きっと、あなたはこの先ずっと「私も、イタリアへ行くはずだった。そのつもりだったのに。」と、いうのでしょう。


心の痛みは決して、決して、消えることはありません。

だって、失った夢はあまりに大きすぎるから。

でも、イタリアに行けなかったことをいつまでも嘆いていたら、オランダならではの素晴らしさ、オランダにこそある愛しいものを、心から楽しむことはないでしょう。

イタリア旅行が隠喩するのは、典型的な出産・子育て。

一方、オランダ旅行が隠喩しているのは、特別な支援が必要な出産・子育て。

予想していた目的地と全く違う場所に着地したら、そりゃ誰でもビックリするはずです。

しかし、今いる場所でどう過ごすのか、そこからの行動はいくらでも自分で決めることができます。

私が第二章をまとめる中で改めて実感したことは、マコをきっかけに出逢えたご縁は、彼女だけではなく、私や家族の人生も豊かにしてくれているという事実です。

マコに障害・疾患があるおかげで出逢えたヒト・モノ・コト、気付けたこと、行動できたことがたくさんありすぎて、彼女は私の人生を飛躍させるために私のお腹に宿ったのだと思わざるを得ない現実があるのです。

マコ自身が「障害」をネガティブに感じていないおかげで、シンプルに環境改善すればいいと思えるようになりました。

マコと生活する中で、今まで気付けなかった「障害」に関する世の中の課題に気付き、攻略しようと思えるようになりました。

そして、様々な障害を攻略するために出逢った仲間たちが、結果、私の人生の宝になっています。

また、非言語的コミュニケーションの達人であるマコと生活する中で、大切な人たちと心通うコミュニケーションができる能力が養われました。

やりたいこと、頭に浮かんだことは、「どうしたらできるか」というマインドで考える癖が付き、やりたいことを後回しにしなくなった結果、私自身の人生の自由度が増しました。

重度の障害がある子どもの親になって人生の自由度が増すだなんて、絶望の淵にいた頃の私には全く想像ができなかったことです。

ちなみに、悠太に、「マコに障害がある事実を、今はどう感じている？」と聞いてみたところ、「マコに障害があってよかったと思う。中学生になった今も毎日『ちゅーた♡(悠太)』って甘えてくれるから。最高だよ」とのことです(笑)。


今の私の願いは、目の前に確実にある「今、この瞬間」を、愛する人たちと味わいたい！

湧き出る感情や、起こる出来事全てを人生の遊びとして存分に楽しみたい！　ということ。


あなたの心は奥底でどんなことを叫んでいますか？

もう戻れない過去やまだ起きぬ未来に無意識にタイムトリップして、後悔や不安の中で迷子になってしまいそうなときは、「今、ここ」に戻るために、どうか心の叫びを思い出してください。

そして、その叫びを無視しないで、この人生でやりきりませんか？

第一章・二章を通して、「今、ここ」を生きる感覚を思い出していただけたら本望です。


さて、最終章は、「現状から一歩踏み出したい、変わりたい！」と思う方がアクションを起こす際の参考になればいいなと思い、私がこれまでに起こしたアクションの数々を紹介します。

大丈夫、いつだってあなたはひとりじゃない！

第三章『絶望を希望に変えるための3つのアクション』

絶望の真っただ中にいたころの私に伝えたい、「幸せな人生を送るために大切にしてほしい3つのこと」があります。

◎つながりをつくる
◎アクションを起こす
◎ユーモアを持つ

最後の章では、「絶望は自らの意思と人の力で希望に変えられる！」と確信した経験談をお伝えします。
私自身が日常の中で感じた様々な絶望をひとつひとつ希望に変えてきた事実をお伝えすることで、あなたが感じる絶望が希望に変わるきっかけになれたらうれしいです。

LIVE MY LIFE, PLAY MY LIFE, LOVE MY LIFE!

●繋がりをつくる

あなたがこれから幸せな人生を歩んでいく上で、特に意識してほしいことがあります。

それは、「孤立」することを選択しない、ということです。あなた自身のためにも、お子さんのためにも。

日本における「ウェルビーイング」や「幸福学」研究の第一人者である慶應義塾大学大学院の前野隆司教授は、次の4つの因子がバランスよく満たされていれば人は幸せになれると提唱しています。

①「やってみよう」因子（自己実現と成長）
②「ありがとう」因子（つながりと感謝）
③「なんとかなる」因子（前向きと楽観）
④「ありのまま」因子（独立と自分らしさ）

つまり、夢や目標を持ち、人とのつながりを大切にしていて、思いやりがあって、ポジティブで、自分らしく生きている人が幸せということになります。

引用元：「ウェルビーイング」（日経文庫）著者：前野隆司・前野マドカ

私は20代前半まで誰の力も借りずに生きることが自立した大人だと思い、周りからどれだけ助けられて生きているか想像も感謝もできていない、とんでもない勘違い人間でした。

しかし、長女の出産、さらに重度の障害がある次女の子育てを通して「人間を出産して育てる過程の中で本当にたくさんの方と関わり、命が続いている。人ってひとりじゃ生きていけない」という当たり前のことに気が付きました。

今は、人との出逢いや「繋がり」は人生の財産だと痛感しています。

これまでに人と繋がるために取ったアクションは次の通りです。

❶SNSのコミュニティに属する

マコの障害がわかった当時（2010年）はmixiというSNSで同じ疾患の子を持つ家族のグループと繋がったことが最初の一歩でした。そこで出逢った家族と後に家族会を立ち上げることになりました。現在は、Facebook、Instagram、LINEなど様々なところで気になるコミュニティに属していますが、基本、情報収集や共有の場として活用しています。

❷患者家族会と繋がる

患者家族会の繋がりは、日常生活におけるリアルな困り事を気軽に相談できて、参考になる情報を得られます。さらに、自身の経験をシェアすることで誰かの役に立つかもしれないという、全ての経験を価値に変えることができる繋がりとなります。

❸相談支援員に相談する

障害福祉サービスの利用時の書面作成や生活面での困り事などが相談できます。「そろそろお風呂介助が大変になってきたのですが」と相談すると訪問入浴ヘルパーを探してくださるなど、めちゃくちゃ助かっています。なぜもっと早く頼らなかったのだろうと思うくらい。私の場合、お世話になっているデイサービスに相談して繋がりのある支援員さんを紹介していただきましたが、これからサービスの利用を考えている方は、まずは地域の基幹相談支援センターに問い合わせをしてみてください。

❹オンラインサロンに属する

私自身の人生の視野を広げたくて、あえて障害福祉分野ではなく、シンプルに楽しめるオンラインサロンに属しています。「おもしろい人たちと繋がりたい、旅をしたい」、という想いで自由人・高橋歩さんのオンラインサロン『FREE FACTORY』に入りました。FFのサロンメンバー限定で企画されたオーロラクルーズツアーのおかげで念願のオーロラを見に行くことができ、またマコとふたりで奄美大島ツアーに参加してホエールウォッチングも実現できました。さらには本の出版まで実現しました（この本の出版社A-Worksの代表も歩さんです）。人生を楽しんでいる仲間に出逢うことで、私自身の人生の彩りも豊かになると実感しています。

❺コミュニティを運営する

属する側ではなく、運営する側も自然発生でやることになりました。

噛む力飲み込む力が弱い、摂食嚥下障害がある子どもの情報や商品、サービスが少ないことから、当事者同士で忖度がない質のいい生きた情報共有ができる場をつくろうと、同じ想いを持つ仲間、永峰玲子と創りました。

コミュニティの名前は、嚥下障害がある方の愛用品「とろみ剤」にちなんで「スナック都ろ美（とろみ）」。オンライン上でオープンするバーチャルスナックです。安心安全な場所にするため、摂食嚥下障害がある子どもとその家族のみ入店可能にしました。2024年9月現在、約1100名の常連さん（登録者／無料）がいます。常連さん限定LINEオープンチャットと月数回のバーチャルスナックで活発にやりとりをしていて、子どもと笑顔でおいしく食を楽しみたい親心と愛溢れる場になっています。

❻オンラインサロンを運営する

食に関すること以外でも、重度の障害がある子どもの親で「ハッピーな子離れ・親離れをしたい」「自分の人生を生きたい」と同じ志を持つ仲間に出逢いたいと考え、2023年4月に自身のオンラインサロン「LIVE MY LIFE」を始めました。

子どもに重度の障害があっても子離れ親離れが当たり前な文化をつくるため、全国の理想的な施設や魅力的な人に逢いにいくスタディツアーをしたり、情報共有をして、ひとつでも多くのハッピーな子離れ親離れを実現することを目的としています。

いろんな価値観があっていいと思いますが、「ハッピーな子離れをしたい!」と堂々と言える場所があり、安心して相談し合えることは、自らデザインした人生を自信と共に推進していくために必要なことだと感じています。

他にも、「障害がある子どもが隔離された環境ではなく、地域でごちゃまぜに暮らしていくためにできることは何か」を考え、障害がある子どもの親御さんや地域で活動をしている方々とプロジェクトをゆるく結成。飲み会やごちゃまぜを考えるきっかけになる映画上映会をするなど、地域の中の繋がりを創り始めています。

たくさん人間が存在する中で共存を保つために大切なマインドは「おたがいさま」だと感じています。例えば、生活をする上で全介助が必要なマコはヘルプをしてもらってばかりのように見えますが、実際マコが存在することで支援者の仕事を生み出しています。

さらに、関わってくださる方々から「マコちゃんから元気をもらっています！」とおっしゃっていただくことが多く、これまた「おたがいさま」だな〜と思うのです。

●アクションを起こす

生活の中で「困った！」と絶望的に感じることに出くわしたとき、希望に変換するためにまず私がするのはこのふたつです。

①困り事の状況整理

——自分が何に困っているか、状況を整理します

【事例】

●マコのケアで自分の時間が取れずに、私の心にゆとりがなくなりイライラしてしまう。夫も同じ。
●誰かしらマコを見ている必要があるため、夫と私で常に自由時間の奪い合いをして疲弊している。

②満足する状態整理

――どんな状態になったら解決か、満足するかを考え言語化します

【事例】

●私や夫以外の、安心して任せられる人にマコを見てもらう。

●マコの世話に追われず、私自身が自由に過ごす日が定期的にある。夫も同じ。

このふたつをしたら、あとは②の状態にするためにどんなアクションを取ればいいか考えるのみです。

困った事実をどう攻略するかを考えるのが好きな私は、これまでにいろんな方法を試みてきました。

ちなみに、前記で挙げた事例は、こんな攻略法で解決しました。

〈絶望を希望に変えるアクション〉

●夫に相談。夫のナイス提案により、夫婦間でマコ担当を曜日ごとに分担することに。

（例）月火土は私、水木金は夫。日曜日は要相談。これで日々の時間の奪い合いはほぼ解消！

●近くに住む姉に相談。私ひとりで出かけたいとき、マコと家でお留守番してもらうよう依頼。
●両親に相談。私の父のナイス提案により、隔週土曜日にマコとデートしてくれることに。
●福祉サービスを利用。放課後等デイサービスの他、日中一時支援、移動支援、居宅支援などそのときのニーズに合わせて事業所に相談。
●病院や施設の預かりサービス（レスパイトやショートステイ）を利用。数カ月に一度（最大10日）マコを預けて家族全員が自分のペースで生活をする時間をつくる。

こんな感じで、自分や家族の生活を少しでも心地よいものにするために、できることは実践しています。

さて、ここからは、私が困り事に対してこれまでどんなアクションを起こして攻略してきたかを紹介します。

絶望を希望に変える

6つのアクション

❶
周りにボヤく、伝える

❷
SNSで発信

❸
一緒に動く人、団体を見付ける

❹
団体を立ち上げる

❺
団体で連盟を組む

❻
メディアで伝える

ACTION

①周りにボヤく、伝える

私は友達とランチや他愛のない会話をしているときなど、そのときに困っていることや探している情報をよくボヤきます。

例えば、マコの小学校入学のタイミングで放課後等デイサービスを探していたとき、「市役所で大量の事業所リストはもらったけど、ひとつひとつ電話してアタックするのが萎える。評判がいいところを知りたいんだよね」と同じ地域に住んでいて、かつ障害がある子どもがいる友達にボヤイたところ、すぐに評判がよく最高に素晴らしい事業所を教えてもらいました。あれから約8年間お世話になっていますが、すっかり第二の家のような場所になっています。

また、自分でも攻略方法がわからないとき、周りの知恵とアイデアを頼り、ボヤきます。

例えば、前の章で紹介したNPO法人Ubdobeの岡くんとランチをしているときに「マコのリハビリがしんどいんだよね〜。痛くて泣いたり、嫌がられるのしんどい」とボヤいたことがありました。

リハビリは必要なことだけど、進行性で身体機能が退化していくマコにとってゴールの見えないリ

ハビリはモチベーション維持が大変。何よりマコから一度も「リハビリをやりたい」と言われていないことに気が付き、どうしたらよいかわからずモヤモヤを抱いていました。

すると岡くんから「デジタルアートとセンサーを使ったリハビリがあったらおもしろいと思わない?」というアイデアが出てきました。直感的におもしろいと思ったので前のめりで賛同してプロジェクトがスタート。その後岡くんが『デジリハ(Digital Interactive Rehabilitation System)』とネーミングして、リハビリをアソビにするリハビリテーションツール『デジリハ』が2018年に誕生しました。

開発期間を経て、2021年『デジリハ』は製品化され、現在、病院・リハビリ施設・放課後等デイサービス・特別支援学校などに導入されています。

マコは開発初期からモデルユーザーとして参加していま

すが、デジリハはゲーム感覚で遊べるので、彼女はまさかリハビリをしているとは全く感じておらず、デジリハをする度に「もっかい！（もう1回）」とおかわりの声が聞こえます。

私のボヤキから、岡くんをはじめとするチームが攻略法を確立して、リハビリを必要とする全世界の子どもたちのための開発が始まり、結果、マコが「やりたい！」と言うリハビリが実現しました。私はデジリハ創業メンバーのひとりとして、仲間たちと今後もデジリハを育んでいきます。

デジリハ ホームページ

https://www.digireha.com/

『6次の隔たり』をご存じでしょうか？

人は平均44人の知り合いがいるとされ、6人分の知り合いを掛け合わせて知り合いの知り合いを辿っていくと、6人目で世界中の誰でも繋がることを6次の隔たりと言います。

この『6次の隔たり』が課題を攻略した事例があります。

マコの筋力低下に伴い、通常メニューではなく、噛む力が弱くても食べやすいメニューが必要になってきたことから、「外食先で食事を刻んだりミキサーにかけるなど再調理せずに食べられるメニューがあったらいいのに」と思うようになりました。

早速、飲食店に掛け合ってみようと思った際、真っ先に『スープストックトーキョー』が脳裏に浮かびました。創業時から『Soup for all!』を掲げていて、食の多様性に真摯に対応している企業で、かつ私が独身時代から大好きなお店です。

周りに勤めている知り合いがいる訳でもなく、全く繋がりがない現状を打破するため、外部のミーティングなどで食の話題になったときはすかさず「スープストックトーキョーで摂食嚥下障害対応のサービスができたらいいなと思っていて、繋がりありませんか？」と聞きまくっていました。すると、とある企業のミーティングで同席した方の息子さんがスープストックトーキョーに入社したばかりとの情報を入手！　すぐさま息子さんとメールで繋いでいただき、提案書を送付したところ、なんと副社長とのミーティングを設定していただけることになりました。風通しの良すぎる社風に驚きつつ、せっかくいただいたチャンスなので心して挑みました。

そのミーティングから数年の準備期間を経て、スープストックトーキョー（ルミネ立川店限定）で〝咀嚼配慮食サービス〟の導入が実現しました！

サービス内容は、メニューの中から定番を含む数種類のスープの具の有無と具材のやわらかさを検査した結果を基にチャートにして提示する他、キッチンハサミや茶こし、シリコンスプーンなどの貸出器具があります。

安心してメニューを選び、さらに調理器具を持参せずに外食ができる一歩を、スープストックトーキョーが一緒に歩んでくれたのです。

この経験から、思い描いたことを実現させるために繋がりを求めてアクションを起こし続けることの大切さを学びました。

※Soup Stock Tokyoの〝咀嚼配慮食サービス〟に関する内容は、２０２４年６月時点の情報です。

②SNSで発信

SNSで繋がっている方に助けを求めることもあります。

例えば、マコを連れて仕事に出かけることになった際、まだコロナ禍ということもあり電車ではなく車で行きたいけれど、私は運転が苦手なので外出ができず困ったことがありました。福祉タクシーの見積を取ったら往復7万円！　困り果ててSNSで知り合い限定でこんな発信をしました。

「〇〇に車椅子ユーザーの娘と行きたいのだけれど、自宅から目的地まで車で連れて行ってくださる方いませんか？」

すると、有難いことに「その日空いてるから車出すよ！」と何人か返信をしてくださいました。結果、そのSNS投稿を見た私の父が連絡をくれて連れて行ってくれたのですが、助けてくれる方がいることに心から感動しました。

他にも、友達が仕事をしたいのだが障害があるお子さんの預け先がなくて困っていると聞き、SNSでデイサービスやヘルパー情報を呼びかけたときは、事業所を運営する知り合いが手を差し伸べてくれ、無事契約に至り友達は仕事を続けることができました。

私の投稿をシェアしてくれる友達もいて、私の繋がっている範囲外にもリーチできるのもSNSのメリットだと思います。

今では求人広告代わりのように活用している私ですが、最初は外に向けてヘルプの声を出すことに抵抗がありました。「もっと自分で調べてからじゃないと人に助けを求めちゃいけないのではないか」など、考え過ぎてひとりで悶々としていた時期もありましたが、SNSという幅広い人たちと繋がっているプラットフォームを有効活用することで、結果、幾度となく助けられています（個人の責任のもと活用しています）。

③一緒に動く人、団体を見つける

この章の冒頭で「自分の時間が取れずにイライラしてしまう」という困った事例に対する解決のアクションを紹介しましたが、「これは我が家以外でも同じ課題があるのでは？」と思い、実験的に「障害がある子の親に時間をプレゼントする企画」を立案しました。

しかし、私ひとりでは微力すぎるので、障害がある子どもの支援を積極的にしているNPO法人

D-SHiPS32（ディーシップスミニ）の代表 上原大祐くんに相談をして、一緒に企画運営をしてくれないかお願いしました。

結果、NPOの取り組みのひとつとして「ファミリーサポート事業部」を創ってくれ、障害がある子どもたちがスタッフと遊んでいる間、親たちが自分の時間を過ごす企画をショッピングセンターや海の家で実施しました。

運営スタッフも子どもや障害に関する活動に対して関心が高い大学生のボランティアチームに声をかけて、準備から当日の運営まで一緒に動いてもらいました。

私も自分の時間を楽しみたいので、当日はスタッフではなく参加者として全力で楽しみました！

他にも、病院で暮らす重度の身体障害がある方に出逢い、「ゲームが好きでゲームクリエイターになりたい。ゲーム会社9社ほど応募したけれど病院生活故の時間制限などが理由で採用にならず。今まで自己流でやってきたからプロに学んでみたい」という願望を聞き、「重度の身体障害がある方対象としたゲームクリエイタークラス」を立案しました。

これまた私ひとりでは何もできないので、障害がある子どもの支援に関心が強い、NPO法人オンザロードの事務局長 岡本舞子ちゃんに相談をして、オンザロードの事業のひとつ「ワールド・ドリーム・スクール」の日本クラスとして実施してもらうことになりました。

私はクラスの参加者や実施場所のコーディネーターとして関わり、その他の運営はNPOオンザロードのスタッフが担っています。

日頃から「障害がある子どもの支援」に関心が強い人、団体に無意識にアンテナを立てていて、困り事ややりたいことができた際に「一緒にやりませんか？」と企画提案をするスタイルを、私は「便乗型アクション」と呼んでいます。

企画内容に親和性がある団体に相談・提案して、活動に便乗させてもらうのです。

何か企画したことを実現する際、個人で動くより、団体名・法人格がある方がスムーズに実現することがあります。私自身が団体を立ち上げなかったのは、立ち上げることに対してかなりのハードルを感じていたからです。また、団体の代表としてやっていく覚悟がなく、自分の生活や子育て奮闘中で、さらに団体の活動をやっていくイメージが湧かなかったのも事実です。

法的な手続きが一切なく、活動を開始する宣言さえすれば設立可能な「任意団体」をつくるという手段もあります。最近は、任意団体でも取得可能な助成金が出てきています。

しかし、NPOや一般社団法人などの法人格を設立するとなると、多少なりとも資金がかかり、法的手続き、経理関係など設立までのプロセスもまぁまぁな労力がかかることをネット上で確認していた私は、便乗型アクションで実現できるのであればそれでいいと思っていました。本当にやりたいことが見つかるまでは。

④団体を立ち上げる

便乗型アクションで事足りていたときは団体をつくろうなんて全く思わなかったのですが、趣旨や事業内容が異なることをやりたいと思ったタイミングで、「よし、新しい団体を創ろう！」というモチベーションが自然と生まれました。まるで部活やサークルを立ち上げるようなノリです。

今までにふたつの一般社団法人をゼロから立ち上げる経験をしました。その名も障害攻略課とmogmog engine（モグモグエンジン）です。

２０１８年に立ち上げた障害攻略課は、「社会側にある障害をポップに攻略していくエキスパートチームを創ろう！」という志が一致した仲間と出逢ったことがきっかけでした。

2022年に共同代表の永峰玲子（以下、れいちゃん）と立ち上げたmogmog engineは、「スナック都ろ美（とろみ）」という摂食嚥下障害がある子とその家族のコミュニティ運営がスタートでした。そこから、「摂食嚥下障害がある子とその家族が気軽に外食できる世の中にしたい。食を通してインクルーシブな世の中にしたい」という大きなビジョンができて、自治体や大学、企業などと協働で実現していくために法人格を持つことにしました。今でこそ1100名近くいるコミュニティですが、最初は代表2名とコアメンバー5名の計7名でスタートしました。

設立準備はネットから拾ってきた情報や書籍を基に始めましたが、れいちゃんも私も難しい文書が読めないという壁にぶち当たり、事業内容に対してどんな規約にしたらよいのかなどさっぱりわからないため、設立に必要な手続きはプロに任せることにしました。有難いことに良心的な価格で引き受けてくださる弁護士事務所、税理士事務所に出逢えて、少ない持ち出しでスタートすることができました。

部活を立ち上げるノリでしたが、私自身が団体の代表となることを決める際、自分に投げかけた問いがあります。

「マコがこの世からいなくなっても、活動を続けていく覚悟があるか」

マコが起点でやろうと思った活動ですが、もしもマコがこの世を去ることになったとしても「やり続けたい！」と強く思えたので、一歩踏み出しました。

この問いは、あくまで私が覚悟を決める際のバロメーターです。

何かを始めても気が変わって途中でやめることがあるのは自然な現象だと思っています。

覚悟って言葉を使うとなんだか重くなりますが、実際はやっていて楽しいかどうかの感覚が「永く続けていけるか」の基準だったりもします。

共同代表のれいちゃんをはじめ、同じ境遇の親御さんたち、一緒によりよい環境を創ろうとしてくださるハートフルな方々との出逢いが活動を続けていける最大のモチベーションです。

そして、みんなで「おいしい」を共有する空間を目の当たりにする度に、食に関する障害を攻略するための新たなアイデアがどんどん出てきます。

れいちゃんも私も食べることが大好きというベースがあるので、摂食嚥下障害がある子どもたちの食もアップデートしていきたいというモチベーションが生まれ、また、子どもたちの食がアップデートされた先には、私たちが年老いて摂食嚥下障害の症状が出ても、ずっと食を楽しめる環境が用意されている世界を見据えているので、なおさら続けていけるのだと思います。

⑤団体で連盟を組む

日々の生活の中で「こうなったらいいのにな」と思うことがあって個人で呟いてもなかなか世の中に届かないけれど、同じ想いを持つ者同士がタッグを組むことで大きな声になり、「社会課題」としてとらえてもらえるようになることがあります。

例えば、トイレでのオムツ替え問題。

幼少期以降もオムツを愛用しているマコと外出する際、オムツ替えができるスペースがなく困ることが多々あります。多目的トイレと呼ばれる車椅子マークが付いたトイレでベビーベッドはよく見かけますが、ベビーベッドに貼られている注意事項に書かれている使用年齢は2歳までです。赤ちゃんから高齢者まで使える汎用性の高いユニバーサルシート（介助用ベッド）が設置されているところはまだまだ少ないのが現状です。

「みんな、お出かけのときのオムツ替えはどうしているのだろう?」

ふと疑問に思い、自身の団体(スナック都ろ美)で簡易的なアンケートを取ってみました。調査概要はこんな感じです。

テーマ『外出先のトイレ事情』
対象:全国の身体障害があるお子さんの親御さん
回答者:170名
調査方法:インターネット調査(Googleフォーム)
調査期間:2020年4月5日〜12日

すると、99%の親御さんが外出先のトイレに関して困っていて、ユニバーサルシートが必要と回答しました。

1%は幼児で「身体が小さいので今は必要ないが、今後必要になる」との回答だったので、実質

170名全員がトイレ問題を解決したいと望んでいることになります。

調査結果はスナック都ろ美のホームページ内で公開しています。

https://x.gd/kDqr8

調査をすることで見えたのは、個の問題ではないということと、改善されたら喜ぶ人たちがアンケート回答者以外にもたくさんいるということです。

「世の中全体の問題としてこれは何とかしないと!」と思った私は、ユニバーサルシートの普及をする任意団体「笑って子育てロリポップ」代表 石川京子さん（以下、京子ちゃん）、車椅子ユーザーが外出しやすい環境創りに力を入れているNPO法人「ウィーログ」代表 織田友理子さん（以下、ゆりちゃん）にコンタクトを取り、「一緒に手を繋いで、ユニバーサルシート設置の普及拡大を目指して、国に要望書を提出しませんか?」と相談しました。

京子ちゃんもゆりちゃんも快諾してくださり、一緒にできることを模索した結果、まずは「ユニバーサルシート設置大作戦」というグループを「Facebook」で作成して、ニーズ把握、全国のユニバーサルシート設置例、交渉事例などをシェアする場をつくることになりました。

すると同じように困っている方が集まり、よかったトイレ、惜しかったトイレなど事例が集まり、さらに、リアルな現状を把握するために市議会議員がグループに入り、設置に向けて動く事例も出てきました。

さらに、ゆりちゃんが段取りを組んでくださり3団体連名で国交省に対してユニバーサルシート設置の要望を含めたバリアフリーの提案をすることが実現しました。

斉藤鉄夫国土交通大臣にユニバーサルシートの設置を推進することを盛り込んだ要望書を提出（2022 年）

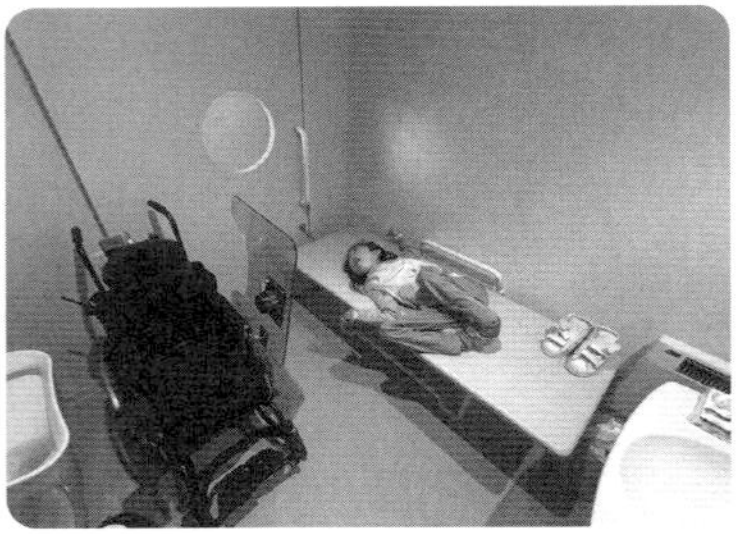

ユニバーサルシートがあるトイレ

必要性を世の中に訴えるときに大切にしていることは、困っている事実と合わせて、その困り事を解決するための提案や代案を提示することです。

例えば、そもそもユニバーサルシートを設置するスペースがない既存のトイレや、設置費の予算がない場合は、幼児期以降もオムツ替えが必要な方がいる事実と合わせて「オムツ替え可能なスペースがある部屋（救護室など）を案内していただけると助かります」という代案を一緒に伝えるようにしました。

また、私が運営で関わるイベント会場の多目的トイレにユニバーサルシートはないけれど、簡易的なベッドが置けるスペースがあった場合は、キャンプ用の簡易ベッドを持ち込んで即席ベッドを備えたり、オムツ替えエリアをつくるなど工夫をしたこともあります。

すると、翌年の同じイベントで運営スタッフから「簡易ベッドを用意しました！ これで大丈夫ですか？」と確認がありました。幼児期以降もオムツ替えを必要とする方がいることを考えてくれたことに感動したのを覚えています。

困り事を知ることで、イメージができ、当事者でなくても一緒に解決しようとしてくれる人たちに出逢う度に、事実と提案・代案をセットで伝える大切さを痛感しています。

私もつい最近まで「私が声を上げたところで無力だ」と思っていました。
しかし、いざ行動に移すと賛同する方や団体など、協力者の数が雪だるまを作るときのように大きくなっていく経験を通して、まず「ひとりの力でどうにかしようと考えない」ことの大切さを学びました。

「私たちは、微力だけど無力じゃない」

２００１年長崎県の高校生が始めた核廃絶署名活動の最中に生まれ、育まれた合言葉です。
署名活動は「自分たちの力でできる活動」として始められたもので、開始から14年で１００万人を超え、現在では２００万人を超えているようです。

この世の社会課題と呼ばれるほとんどのことは人間が生み出したものだとしたら、人間の力で解決できるものも多いはず。
大丈夫、あなたはひとりじゃない。

⑥メディアで伝える

世の中に広く知ってもらう手段として、一番に思い浮かぶのがメディアの活用です。

私の場合、摂食嚥下障害がある子どものその家族の支援をする活動をしている中で、とろみ剤などを扱う企業の方と話をする際に、「高齢者の摂食嚥下障害は知っていましたが、お子さんにもいらっしゃることを初めて知りました」という声を聞くことが多々出てきました。

「摂食嚥下障害がある子どもがいるという事実をもっと世の中に知ってもらえたら、高齢者向けではないサービスや商品、外食しやすい環境ができるかな」と思い、団体の存在や活動など、世の中の認知を上げることが必要だと感じて、メディアの活用を始めたのです。

今の時代、SNSやインターネットを介した発信方法はいくらでもありますが、そもそものフォロワーが少ないと届く相手も少ないのが現実。

そこで、マスメディアの発信力に期待して、ピンときたメディアにアプローチしてみました。

これまでに出逢ったメディア関係の方はもちろんのこと、会社のホームページの問い合わせフォームなど思い当たるアプローチ方法をした結果、活動の必要性を感じてくださった記者から連絡があり、取材してくださり、一本の記事が世に発信されました。

初めての記事：『Beyond Health』（2020年日経BP／ライター高下義弘さん）
https://project.nikkeibp.co.jp/behealth/atcl/feature/00003/110400164/

この取材を機に、活動内容と掲げているメッセージが世に広く発信され、他のメディアからの問い合わせもくるようになりました。

「摂食嚥下障害がある子どもがいる事実」、そして「摂食嚥下障害がある子ども向けのサービスや商品がなく、外食しやすい環境が全然整っていない事実」を広く知っていただきたいという目的達成のため、いただいたオファーは全て有難く受けました。そしてコミュニティ内の仲間の声を代弁して伝えることを大切にしました。

他にも、メディアの方に伝える際に役立った素材は「ビジョン」です。

「今は困っていることがあるけれど、それを解決したらこうなる」「こんな世の中を実現したい！」という想いを言語化したり絵にしたりすることで、課題感を持たない方にも伝わりやすくなります。

まずは言語化。共同代表のれいちゃんと考えたフレーズは、「食を通してインクルーシブな世の中を創る」。噛む力・飲み込む力が弱い方が外食しやすい環境を創り、どんどん外に出ていくことで、結果、いろんな食形態の方が当たり前に外食を楽しむ世の中になり、様々な背景を持つ人たちが混在するインクルーシブな空間の実現を目指します。

次に、言語だけではなく実現した世界をより多くの方と共通認識で持つための「ビジョン画」を創りました。目で見て理解するイメージ図です。

私とれいちゃんには脳内のビジョンを絵にする力がないので、スナック都ろ美のロゴをお願いしたイラストレーター五味健悟さんに依頼しました。ネットから雰囲気やトーンなどイメージに近い画像を拾ってきて、あとは言葉で説明して伝えたのですが、五味さんは既に活動内容を理解してくれていたのでめちゃくちゃスムーズに絵が完成しました。

『食を通してインクルーシブな世の中を創る』
イメージ図
（イラスト：五味健悟さん）

また、従来の介護食のネガティブなイメージを払拭させたいという想いから「インクルーシブフード」という造語をつくりました。

インクルーシブフードとは、摂食嚥下障害がある方を起点にデザインされた食形態ですが、見た目にも配慮して障害がない方にも美味しく食べられる食べ物です。

■2022年 東京都×東京医科歯科大学・東京大学の共同事業「インクルーシブフードの開発と普及」で完成した、やわらかお子さまランチ「もぐもぐBOX」とスイーツ。「もぐもぐBOX」は愛知県犬山市にある日本料理「関西」&新渡戸文化学園の学生さんたち、スイーツはインクルーシブスイーツパティシエの志水香代さん、株式会社宮源の高橋浩幸さんが作りました。経口はもちろん、経管栄養も茶こしを使えば、口・鼻・胃などからもぐもぐが可能です。

もしも、あなたの噛む力飲み込む力が弱くなり、唐揚げが食べられなくなったとします。みんなは通常の唐揚げを食べている中、あなただけペースト状の唐揚げができてきたら頭と心は素直に喜ぶでしょうか。マコは今まで通常メニューを食べていたので噛む力が低下して病院食でペースト状の食事が出た際、明らかに食欲が低下していました。

「親が食べたいと思うものを、子どもにも食べさせてあげたい」、という想いから生まれたのが「インクルーシブフード」の概念です。高齢になったら誰もが摂食嚥下障害になる可能性があるため、インクルーシブフードの普及はずっと美味しいものを食べ続けたいと願う人たちにとって必要なものでもあります。

しかし、概念だけだとイメージが湧かない方が多いので、実際に食べてみんなで体感できるフード開発をしました。

このインクルーシブフードの完成お披露目会をした際に、摂食嚥下障害がある方もない方も一切加工なしでみんな同じものを食べる空間を体験した方が、「あの空間に〝障害〟はなかった」とおっしゃっていたのが印象的でした。食の障害も攻略できる、そう確信しました。

メディアの方に、世の中に役に立つ情報（おもしろいネタ）だと思ってもらえたら、取材をしてもらいやすくなると思います。

また、より多くの方の共感を得るために、言語・ビジョン・イラスト・実際に体験できるモノなどがあるとさらに発信した際に伝えたいメッセージが届くのではないかと思います。

●ユーモアを持つ

マコの病気がわかり落ち込んでいたとき、私の目の前で長女が全力で「だ〜いじょ〜ぶだ〜」と志村けんさんのモノマネをして、思わず「ふふふ」と笑って緊張していた心身がゆるむという経験をしました。

また、マコ自身がユーモアの塊のような子で、周りを笑わせることが上手ということもあり、私自身も「常にユーモアを持つこと」を人生で大切にするようになりました。

親としてユーモアを持ちながら子育てをしたいと思うようになったのは、映画『ライフ・イズ・ビューティフル』の主人公の生き様に感動したことがきっかけです。

絶望と死の恐怖が待つ収容所で、主人公の父親は幼い息子を守るために「ここに来た理由は〝ゲーム〟をするためだ！」と明るく陽気に〝優しいウソ〟をつき続け、「ずっと隠れて生き抜いて得点を稼げば戦車がもらえる」という父の〝優しいウソ〟を息子は信じ、ドイツ兵が去るまでゲーム感覚でひとりでかくれんぼを続けて生き延びるというストーリーです。

私はこの映画を通して、起こっている事実は同じでも、とらえ方、振る舞い方、思考・行動・発言の違いで、いくらでも個の中の明るく希望に満ちた世界は創造できるということにハッと気付かされました。

愛する我が子の病気や重い障害という事実を眉間にシワを寄せて向き合うよりも、どう攻略するか、時にユーモアを交えて向き合う方が、間違いなく人生が好転すると実感しています。

また、ユーモアは、障害を攻略する際、周りを巻き込む作戦にも有効だと感じています。

例えば「スナック都ろ美」というネーミング。要は摂食嚥下障害についての活動ですが、周りは「スナック?!」とおもしろがって前のめりに関心を持ってくれます。

「障害」というワードを前面に持ってくると、一歩引いて眉間にシワを寄せてしまいがちですが、実際難しいことは何ひとつなくて、障害がある子どもとその家族は、ただ普通に子育てをする中で楽しく生きたいだけなのです。

だからこそみなさんが気軽に関われる入口を用意して、おもしろいコンテンツをどんどんシェアすることで、同じく「楽しく生きたい」と思う人たちがどんどん集まってくるようになります。何より、楽しくなくちゃ続かない！

私には「人生の最期は笑いながら死にたい」という願望があります。

これを叶えるためにも、毎日起こる出来事をおもしろがりながら、心通う人たちと感じるままに泣いて笑って過ごす日々を重ねていこうと思います。

繋がり、アクション、そして、ユーモアを大切にしながら最期に「あ〜幸せな人生だった!」と想えるように。

あなたはどんな人生を描いていますか?

ここで、最後の提案です。

メディアの取材を受けるという設定で、自身の人生を振り返ってみませんか?

私はメディアの取材を受ける度に、自分の人生や出来事を客観的に見て言語化し、整理をする機会になっていると実感しています。同時に、私自身がとても癒されていることに気が付きました。言葉にしてアウトプットをすることで、どこか心の中が軽くなる感覚があるのです。

これまでの人生を振り返り、出来事や感情を整理する時間になればいいなと思います。

私が過去取材を受けた中で、とても親身に話を聞いてくださり、素晴らしい記事にしてくださったライターさんにアドバイスをいただき、いくつか質問を用意しました。

質問に答えていただく大前提として、ここはまだ語りたくないないということは言わなくて大丈夫です。今の自分なら言ってもいいかなと思う内容だけを教えてください。

小さなことでもうれしかったこと、心が動いたことなど、振り返る中で一番印象に残っていることの具体的なエピソードや家族や周りの人たちから言われた言葉などを教えてください。

【病気・障害があるお子さんについて教えてください】

①妊娠がわかったとき、どんな気持ちでしたか？　印象に残っているエピソードを教えてください。
②出産時の印象に残っているエピソードを教えてください。
③子育てをする中でうれしかったこと、泣いたこと、怒ったことなど、具体的なエピソードはなんですか？

④これまでのあなたの人生で、ターニングポイントになったと思う出来事を教えてください。
⑤お子さんの病気・障害がわかったときの自分に、今現在のあなたが声をかけるとしたらどんなメッセージを送りますか？
⑥最後に、言い残したことはありませんか？

過去を振り返ると、全ての感情・起こった出来事は人生を彩る大切なシーンの一部だなと思います。絶望や悲しい出来事も、自分の人生において重要なターニングポイントになっていることに気が付いた瞬間に、キラッと輝く経験に思えることもあると思うのです。

経験を通して気付いたことや得た学びは、まさに人生の宝。

今までの経験やヒト・モノ・コトとの出逢いを財産に換算できるとしたら、私はミリオネア、いやビリオネアだと自信を持って言えます。

人生をますます豊かにしてくれたマコに感謝です。

おわりに

「絶対、大丈夫」

マコの病気がわかり絶望していたときの私がほしかった言葉はこれだったのだと、10数年のときを経て気が付きました。

当時は、誰も大丈夫だなんて安易に言えなかったと思います。

でも、不安と心配の渦に飲まれながらも、家族やサポートしてくれる方々と一歩一歩人生を歩む中で、出逢ったヒト・モノ・コト、起こしたアクションの積み重ねが私の中の大丈夫の種を育てる肥やしになりました。

そして、今、私は過去の自分に対して声を大にして言えます。

「これから、あなたもマコも幸せな人生を歩むから、絶対に大丈夫」

現に、すっかり大丈夫になった私は、頭に浮かんだやりたいことは、できないと決め付けずにとりあえずやってみる精神で人生を楽しんでいます。
今は、改めて世界一周旅行に行きたいなと思っています。
私は運転が苦手なため、車椅子搭載可能なキャンピングカーも自動運転になればいいなと考え、テスラ社のX（旧Twitter）のイーロン・マスクさん宛に「開発してください」とメッセージを送ってみました。そういえば返信来ないいな（笑）。
オーロラクルーズの旅を経験してからは、「マコと一緒の旅はキャンピングカーよりも、クルーズで世界一周の方が楽でいいかも♪」と選択肢が増えていることにワクワクしています。

また、マコとの生活で解決したいことが山盛りで、いろいろと着手した結果、「仕事は何やっているんですか？」という質問に簡潔に回答するのが難しくなったのですが、言葉をクリエイティブに表現するプロであるコンセプターの外所一石さんに相談したところ、素敵な肩書きを考えてくれました。

『社会調律家』

まさに、私がこれまで一貫してきたのは、社会で不和だと感じることをいい感じに調律することなのです。

マコと生活をする中で感じる違和感や改善したいと思うことが日々たくさんあり、それらをユニークに攻略し続けていった結果が、今のライフワークになっています。

一石さんが、「いつも『素』なさくらを見て、敵無しの『無敵』より、敵すらも『素敵』にしてしまう魔法を感じてます♪」とうれしい言葉かけをしてくださり、誰もがハッピーな攻略を目指している私は最高の褒め言葉として胸に刻んでいます。

怒りや悲しみからアクションを起こすこともありますが、いつだって問題を生むのも解決するのも人間。話し合うべき対象が人である以上、誰もハッピーにならないアクションは避け、心地よい環境にするにはどうしたらよいかという視点を意識しています。

マコには申し訳ないけれど、過去の私は彼女の病気や障害を理由に、〝勝手に〟あきらめてしまったことがたくさんありました。全然あきらめる必要ないし、マコにあきらめてとも言われていないのに。

誰かのせいにする人生は送りたくない。

自分の人生のハンドルは自分で握り続けたい。

そう常々思っているはずなのに、マコを理由にやりたいことをあきらめる行為を無意識にしてしまう。これって実は私の意に反していることなのだと気が付いてからは、「私、本当はどうしたいの?」と自問自答するようにしています。

そして、過去にあきらめたことも、まだやりたいと思う気持ちに気が付いた時点でやることにしています。

「過去にやりたかったこと、今やりたいことって何だろう……」と考えると意外と出てこないものですが、そんなときに役立つのが、「死ぬまでにやりたいことリスト１００」を書く作業です。１００個も書き出すのって結構大変で、だんだん書くことがなくなって絞り出す中で、ふと自分でも説明がつかないような願望が出てくることがあります。それも深く考えずに書き出してみるのです。

私の場合、「海水から塩をつくる」という願望がふと湧いてきたので、深く考えずに素直に叶えたのですが、何とも言えない充実感と、何よりも「私、内外一致してる!」と感じ、さらに自信が付いた気がします。

肉体があるうちは、着想や創造したことを体験することが地球上の最大の遊びなのではないかと、最近思っています。

これまで、マコと同じ疾患や同じ学校のお友達が何人もお空に旅立っていきました。葬儀で小さな棺の中で眠るお友達の顔を見る度に、「この世は楽しめたかな？　たくさん遊んだかな？」と心の中で問いかけています。

その問いをすることで、私が娘たちに対して「この世を楽しんでほしい、たくさん遊んでほしい」と願っているのだと気付かされ、さらには私自身が、「この世を楽しみたい、最期までたくさん遊んで人生を全うしたい」と思っているのだと腑に落ちます。

「思い通りにならないのが人生だけど、思った通りにはなる」とはよく言ったものだなと思います。マコに生まれつきの病気・障害があることで、思い描いていた育児と違くって、最初はビックリをはるかに通り越して絶望しちゃったけれど、マコが毎日楽しそうに生きているもんだから「私も人生を楽しむ！」と決めたら、どんどん楽しい人たちに出逢えて、結果、思い描いた通りの楽しい人生になっています。

もし、今あなたが絶望を感じているとしたら、5年後、10年後のあなた自身が「絶対、大丈夫」と言っているイメージをしてみてください。そして、大丈夫の種を育てるアクションをひとつひとつ取っていってみてください。その際に、本書で書いた私の経験が役に立てていたら最高にうれしいです。

とっと ,ELSOL 代表 佐藤陽介 ,BEAT ICE, スナック都ろ美 れいこママ , いなっち(稲葉 光寛), 岡田亜理寿 , 松本純 , 上原大祐 , 中内真須美 , すくすくハウス , 若菜由里子 , やこうかずえ ,Rina Igarashi, 横川裕加里 , 花之枝恵美子 , 中森奈津子 , ちゅーた , 寺田真弓 , 山下茜 , 大塚訓平 , 西塚友美 , 久保陽奈 , やまがたてるえ , 牧瀬楓季・進也・美季 , 酒井五月 , 高橋知世 , 矢野裕奈 , 大石麻美 , 越川なつき母 , 高橋利明 , 笹生洋子 , たのしい project,meme&miwa, 篠崎 眞由美 , 株式会社 SAKURUG, 柳川芽衣 , 岡部美穂子 , 永江彰子 , 大隅朋生 ,narumi, 中山知恵 , 松本修明 , 澁谷れい子 , 相原由紀 , 桂大介 ,medel me, 高木富美子 , 有限会社レインボーインターナショナル , 株式会社ブルールシエル 代表 柴川桂子 , のりちゃん , 大庭幸 , 齋藤千佳 , 駒崎弘樹 ,a lot of OPTiONS, ぶるとみ , チワワこばやし , 株式会社 WALIFE 北方真起 , 織田友理子 , 小林あっこ ,NPO 法人ユニークユニバース音楽療法 UNICO・益山ゆき , 井出里美 , 宮城由美子 , 武本壽子 , 八木大志 , 長山真奈実・明莉 , 浜本かずみ , 株式会社 Hearts 廣田純也 , 鳥越裕子 , 荒川和希 , 貞松 徹 , 小野尚樹 , 小田一惠 , 川上文恵 , 西元自動車有限会社(モビリティセンター北陸), 金弘子 , 佐藤大吾 ,ak, 花森淑子 , 中村波瑠 , 高木哲雄 , 丸山 , 阿部学∞ , 小林静子 ,YUKO, 吉田雅俊 , 黒澤奈緒美 , 中嶋弓子 , 金子大輔 , 犬飼　愛 , 平野十詩子 , 一般社団法人フォーチル ,Cozykoz, 成瀬久美 , 宮里 美智留 ,CRYSTAL PHARMACY, とっと , 井口健一郎 , 田村優子 , 森川昌子 , はつねとしずこ , しーこ , 後藤佳子 , 三嶋隆夫 , 吉原純代 , はやおよしこ , ふせぴょん , (株)大阪とらふぐの会 澤原君代 , ぐっさん , 吉澤陽子 , 牧瀬進也、美季、楓季 , 松井佳敬 , 栗城拓郎 ,kyouichi_fubuki, 午前3時の手帳会 まさみん , 石川京子 , 矢ヶ崎節子 ,Shiromikuromi, 株式会社宮源 高橋浩幸 , (株)Aloha Being 大庭佳子 , 中森美樹 , つなぐボイストレーナー 山崎つかさ , シンガポール在住 Yuko Sin, 仲村佳奈子 , ノーサイド , 社会福祉法人ワーナーホーム , 佐藤奈々子 , 株式会社日本福祉総合研究所 髙堀愛香 , 宮嶋明香 , 中臺孝樹 , 一般社団法人障害福祉推進機構 代表理事 白石浩一 , まーくんじぃじ , 山本英世 ,Naochan, LIFULL 井上高志 , 松山ケンイチ , 社会福祉法人宮共生会 , 時のホテル支配人 前田充輝 , 長倉顕太 , 一般社団法人日本相続知財センター本部

■アンケートに協力いただいた皆様

128名の障害がある子どもの親御さん

■ LINE グループのみんな

田中幸子 , 牧瀬美季 , 湯浅文 , りょう・じゅんママ , しずこママ , 井関ひろみ , 武本壽子 , 吉原純代 , ロバーツ千佳子 , 富永良子 , 五十嵐恵 , 後藤佳子 , 幸田順子 , はっちー , へいほう , のりちゃん , だいろくのまき , 石川京子 (チカママ), 三尾庸子 , 大野知世 , こっちゃん , 森川昌子

SPECIAL THANKS ～本の制作に協力してくださった方々（敬称略、順不同）

■クラウドファンディングでご支援いただいた皆様

ロバーツ千佳子 , 秦野尚美 ,ugaugaugaga, ニックさん ,sayu.32226450-t, のろゆきの , 谷澤文恵 , 西村俊範 , 佐々井美波 , 水本ひかる , みどりさん ,hyu, 一般社団法人障害児・者QOL サポートラボ CIAO 田中顕一 , 星野奈津 , 熊谷里沙 , 甲斐洋二 ,18 っ子 mitsuki 天使ママ ,mami60mami, あやかなママ , 一般社団法人アイルゴー , 勝野美江 , 小山亜弥香 ,Kenji Yazawa,Shin Nakajima, 関田麻美 , 伊藤香奈子 , 髙井理人 ,Wake, 白石浩一 , 藤本圭司 , やっちゃん , ひしぬままなみ , 田中美帆（MIE）,TAKU, リリィ ,ale.amber, 保科まり , 犬童一利 ,koichiyanaoka, 高村裕子 , 齊藤八重・稜人 , てらさわゆうこ , 中田真也 , 一般社団法人シンクロプラス代表理事 友野秀樹 , 神崎工務店吉村 , うんちマン , 鈴木俊太朗 , みつおようこ , 沖ママ , 堀内佐織 , 渡辺まゆみ ,tomy9949hase, エリ , きしもとゆきえ , 中嶋涼子の車椅子ですがなにか ??, 赤池直子 , 株式会社四鏡玉置志布 , 大野美由紀・由莉奈 , 向井香奈子 ,Nobuyuki Tazoe, みずほ(元組長), 柴山 琢磨 , 宇井吉美 , まり , キヤスク 前田哲平 , あや , 矢澤敦子 , 筒井ともこ , 墨田区肢体不自由児者父母の会 , 鈴木澄恵 , パン屋墨繪 , 社会福祉法人藍 中澤美和 , 加藤嘉夫 , 玉村めぐみ , 村上玲子 , かんさい saru, 北原直弥 , 小宮富愉子 , たくみん , はぎわらしょうこ , 近藤浩紀 ,7171, 橋元直也 , はちりく , キセキミチコ ,EatCare クリエイト 川端恵里 ,Anna, トトちゃんママ , おしげ , 稲垣昌代 , 北村順子 , つちだみゆき , 小西彩 , 辻村 誠 , 乾元英 , 芦田 暁子 , 五十嵐愛華 & 恵 , 髙橋朝子 , 池部弘子 ,Yuya Ishikawa, 伊藤けい子 , なかやまちひろ , 毛利仁美 , 松下久美 , 秋元真理子 , 東條瑠奈 , 遠藤基子 , 佐藤陽太 , イシヅカマコト , 株式会社テックサーティ , 江坂靖子 , 坪根直未 , 小林明子☆ , 眠り姫の母・安藤 , 中園よし恵 ,Makico.M, 石井誠一郎 , 東條恵美 , 大牟田直人 ,Y_ka, 駒崎晴世 , 寺畑真実 , 奥山絵里 ,chako.m,miyoko, ハッタケンタロー , 竹村英明 , 小田穂 , 井上淳子 , 川口有美子 , 小竹 雪恵 , ファミケア すずきせきこ , 佐野敏孝 , 村林瑠美 , なかみ , 福原麻希 , 森住直俊 ,RWatanabe, «チーム LEO ひろ» ,SACHIKO OYU, 斉藤明美 , ヤマグチヒロ ,Izumi K, 佐伯 綾香 , 岩本彰太郎 , かの , 小川咲美 , 遠藤美帆 , 若林怜奈 , 川島章代 , 松波 里香 , 高橋伸也 , 前田結良・前田想祐 , とりちゃん @ とりすま ,Natsuko, 石山寿子 , 荻須洋子 , 小林一雄 , 蔵松美沙 , 峯尾志穂 , 畑中優子 , 長野 僚 , 渡来真紀 , コバコネ , 川上仁美 , エバラ健太 , 髙木理央 , 山島和子 , 欠掛 , 重松由雅 , 濱田知加 , 二瓶陽子 , 本田睦子 ,(株) るーと 高岸真紀夫 ,Hiromi, 行永KK財団 , みさこ , こいずみさおり , 川浪さくら ,KAZU, 高塩純一 ,NPO 法人 ReMind, くりさかあい , 高橋淳子 , 後藤慶明 ,JumpeiH, コシュ , 吉澤友里恵 , うめさき , 長英明 ,Rui Mikami, 山野結加 , ひかり , めぐちゃん , なんりりょうこ ,K.S, 岩田望 , フリースペース～彩り～橋本祥子 ,Hiroko Shimizu, 瀬川和江 , まつだごろう , 由紀子 ,Kazumi Bando, 銭祥貴・紀子・希空 , 椿誠司 , 松村大地 , 岸本理恵 , 全盲ハッピーカメラマンおーちゃん ,Kumashino,iroha, 朴澤和歌子 , 野村寿子 , あべち , 合同会社福祉サービス（徳島県）, 古椎 聖也 , 廣瀬 元紀 / おぎモトキ ,maya, あとりえ tane , はままき , 中野裕介 , とことこあーす , 中村さやか , 川副奈緒美 , みとがわまゆみ , ちーちゃんここにあり , 春原裕香 , 田中恵美子 ,

かれこれ2年にわたりこの本の編集作業を通して、私の人生で培った素材を整理しながら、「絶対、大丈夫」という言葉を心の底からほしかったことに気が付かせてくださった、A-Works編集者の滝本洋平さん。

「ポップで明るいデザインで出版したい!」というわたしの願いをものすごく繊細に表現してくださったデザイナーの高橋実さん。

ありがとうございます!

「絶望していた頃のわたしを癒したい」

そう思ったとき、あたたかい涙が出てきて、実際に本にまとめることで、過去の私が癒えていくのが実感できました。

とても大切な機会を与えてくださった高橋歩さん。ありがとうございます!

障害のある子が生まれても。

さくら（社会調律家）　https://lit.link/sakura79
次女に重度の障害があることを機に、障害がある子が生まれても誰も絶望を継続しなくていい世の中にするため、食・リハビリ・遊び・アート関連のプロジェクトを複数推進中。
一般社団法人 mogmog engine 共同代表 / 一般社団法人 障害攻略課 理事 / 株式会社 デジリハ 事業企画室 / NPO 法人 ユニークユニバース 理事 / オンラインサロン LIVE MY LIFE・PLAY MY LIFE 主宰
著書：
『えがおの宝物 －進行する病気の娘が教えてくれた「人生で一番大切なこと」－』（光文社）

障害のある子が生まれても。

2024 年 12 月 14 日　初版発行

著者　さくら

編集　滝本洋平
デザイン　高橋実
装丁写真　川崎聖一郎
写真協力　安田一貴、Munetaka Tokuyama、Chihiro Koga、Taisuke Kuriyama

発行者　高橋歩

発行・発売　株式会社 A-Works
〒 113-0023 東京都文京区向丘 2-14-9
URL : http://www.a-works.gr.jp/　E-MAIL : info@a-works.gr.jp

営業　株式会社サンクチュアリ・パブリッシング
〒 113-0023 東京都文京区向丘 2-14-9
TEL : 03-5834-2507　FAX : 03-5834-2508

印刷・製本　株式会社シナノパブリッシングプレス

PRINTED IN JAPAN